学問へのファーストステップ ❸

ファイナンス入門

代田 純・小西宏美・深見泰孝 ［編著］

ミネルヴァ書房

は し が き

　ファイナンスは，経済学，商学，経営学にまたがる学問分野であり，これら
3つの学問は密接に関連している。しかし，経済学，商学，経営学はそれぞれ
固有の成立史を持つものであり，それぞれの学問でファイナンス論がある。

　スミス以来の経済学の歴史を見ると，政治経済学としての性格が強く，不況
や恐慌などに対する，国の経済政策と一体化して展開されてきた。したがって，
経済学におけるファイナンス論は，国の経済政策と関係した，中央銀行の金融
政策などが中心的な位置を占めることになる。

　商学は経済学と同様に，長い歴史を持つ。初期の商学は，個人の商人が商業
を営む知識のまとまりであった。したがって，ファイナンス論としては，取引
手段としての貨幣，現金，銀行振込，手形などの支払手段論などが中心であっ
た。ただし，日本では，銀行を含む金融機関論など広く論じられてきた。これ
は，日本における商学が，商科大学の在り方によって規定されたからである。

　経営学は商学の一分野として始まり，19世紀後半以降，株式会社の普及や独
占企業の形成を背景として，大きな流れとなった。経営学としてのファイナン
ス論は，財務管理論等として，企業や工場の経営財務をいかに管理するか，と
いうことが中心である。企業財務が資金繰りの悪化等にならないように，財務
を管理することが中心である。

　したがって，ファイナンス論またはファイナンス入門を論じることは，経済
学，商学，経営学を基礎としつつ，三分野にまたがり論じる必要がある。会計
学は商学の一分野であろうが，ファイナンス論には財務諸表論が不可欠である。
またコーポレート・ガバナンス論は経営学の領域であるが，企業のファイナン
スを規定している。

　本書は，経済学部，商学部，経営学部等における，ファイナンス系科目の入
門テキストである。当初は，駒澤大学経済学部のファイナンス基礎のテキスト
として企画された。

　本書の編者3名は，駒澤大学経済学部に所属している。駒澤大学の経済学部
は，経済学科，商学科，現代応用経済学科という3学科から構成されている。

商学という学問が，経済学という学問の一部分とされているという意味で，珍しいとも言える。駒澤大学では，1949年に商経学部が創立され，1966年に経済学部に改編され，同時に経済学科と商学科が置かれた。このように，設置当時は商経学部であったこともあり，経済学部のなかに商学科が置かれている。ちなみに，駒澤大学において経営学部は1969年に設置されており，その歴史は比較的新しい。

　本書の序章でも述べているが，商学は流通論，会計学，経営学，そしてファイナンス論という４つの柱（基幹科目あるいは科目群）から構成されていると考えている。経営学と商学の関係については，独立した学問という見方もあるが，本書は，経営学は商学の一部分という立場である。他方，商学の重要な柱が，ファイナンスであることについては，大方の意見は一致している。

　ファイナンス基礎という科目は，商学科のカリキュラム改革によって，2004年度から開講された。当初は，通年科目（４単位）であったが，2016年度から半期２単位２科目，つまりファイナンス基礎a，bとなった。他方，経済学科には金融論，現代応用経済学科にはファイナンス論がそれぞれ置かれている。それぞれの科目は学科の性格に応じて，異なる内容となっている。商学が対象とするのは，基本的には企業であるので，ファイナンス基礎は企業金融や企業の資金調達・運用，あるいはコーポレート・ファイナンスが主たる課題となる。

　しかし，企業金融の多くのテキストは，新古典派的観点から書かれており，結果として多くの数式が出てくる。もちろん，ファイナンス論がこうした領域を含むことは否定しないし，本書でも「第10章　企業金融の理論」では，こうした領域を数式により学ぶことになる。とはいえ，会計学，経営学や流通論など隣接分野と連関づけてファイナンス論を学ぶためには，何よりも制度論や実務と密接でなければならない。残念ながら，従来，こうしたファイナンス論のテキストは，きわめて数少ない。

　本書の共編者である小西宏美先生や深見泰孝先生は，長く駒澤大学で，ファイナンス基礎を担当されてきたが，上記のような問題意識は共有されてきた。そこで，独自のテキストを作成しようということになった。しかし，我々３名だけで，すべての章を執筆するのは難しい，ということで，学外の先生方にも御協力いただくこととなった。

　分担執筆者の先生方には，編者からの注文にお付き合いいただき，深く感謝

している。「第3章　企業と銀行」は勝田佳裕先生（静岡英和学園大学），「第5章　企業金融とコーポレート・ガバナンス」は三和裕美子先生（明治大学），「第7章　企業金融と中央銀行」は斉藤美彦先生（大阪経済大学），「第10章　企業金融の理論」は須藤時仁先生（獨協大学），「第11章　企業の決済とフィンテック・仮想通貨」は中島真志先生（麗澤大学）にお願いした。いずれも第一線で活躍されている先生方である。

　本書を作成する，もう1つの背景が，齊藤正先生の古稀記念，および2021年3月に駒澤大学を退職されることである。齊藤正先生は大阪市立大学大学院経営学研究科を経て，駒澤大学には助手として赴任された。御専門は中小企業金融であり，中小企業の立場から，企業金融を論じてこられた。齊藤先生は，カリキュラム改革に熱心に取り組まれ，商学科におけるファイナンス基礎という科目の誕生も，先生の御発案であったと記憶している。その後，齊藤先生は駒澤大学副学長として，大学の運営に尽力された。編者3名は，いずれも齊藤正先生にお世話になって，今日に至っている。今後，齊藤先生の御健勝を編者一同で祈念する。

　ミネルヴァ書房の田引勝二さんに最初にお会いしたのは，2018年の年末に筆者の研究室に立ち寄られた時である。企画会議が台風で延期になったり，その後，コロナ禍で大学がオンライン授業中心となったり，本書も波瀾万丈の誕生となったが，田引さんにも深く感謝申し上げる。

　本書が，駒澤大学に限らず，広く，学生や関心ある読者によって，活用されることを編者として祈念している。

　　2021年4月1日

　　　　　　　　　　　　　　　　編者を代表して　代 田　　純

ファイナンス入門

目　次

はしがき

第Ⅱ部　ファイナンスの応用

写真提供：PIXTA（1頁，21頁，36頁，52頁，67頁，84頁，105頁，122頁，138頁，191頁）

序　章
ファイナンスとは何か
──経済学，商学，経営学を繋ぐ視点──

─── Short Story ───

　ミネオ君は，大学経済学部に今春入学した１年生。大学受験では，経済学部のほか，商学部と経営学部も受験しました。父親が銀行に勤めているので，漠然と，将来は金融関係に勤めようかな，と考えています。受験生のころ，金融やファイナンス関係の科目は，経済学部，商学部，経営学部のどこにもあり，学部の選択で迷いました。複数の大学のオープンキャンパスも行き，学部の説明を聞きましたが，今ひとつ分かりませんでした。とりわけ，商学部と経営学部の関係がよく分かりませんでした。両方とも，企業やビジネスを対象にしているからです。

　入学後，１年生向け科目として，「経済学入門」「商学入門」「経営学入門」という科目がありました。講義で教授が話される内容によれば，経済学は政治経済学という性格もあり，政府部門の財政活動も対象になってくる。商学と経営学は主として企業を対象にしているが，商学がまず先に形成され，経営学は後から商学の一部として生まれた，ということでした。ミネオ君は，授業に関心を持って，出席することにしました。

本書は，経済学部，商学部，経営学部でのファイナンス入門のためのテキストである。これらの学部での新入生向けのテキストとして編集し，書かれている。したがって，できるだけ，分かりやすく，やさしく書かれている。なお，経済学，商学，経営学の関係，さらにはファイナンス論の位置づけが分かりにくい，という高校生や新入生の声が多い。このため序章では，可能な限り，これらの学問の対象と領域，相互関係，歴史的経緯を説明する。そのうえで，ファイナンスの位置づけと構成を展開している。

1　経済学，商学，経営学とファイナンス

経済学，商学，経営学の成り立ちと相互関係，それぞれの学問におけるファイナンスの位置と役割に関して，まず説明しよう。

経済学の成立と形成

経済学は，アダム・スミスの国富論によって始まった，と言われる。国富論は，1775年から1776年にかけて書かれ，経済学で最初の体系的叙述とされている。経済は，見えざる手によって導かれており，自動的に調和するとされ，自由放任が主張された。18世紀の後半に，イギリスにおいて産業資本主義が開花し，市場経済への信頼は強まっていた。したがって，安価な政府が望ましいとされ，政府の役割は小さいとされた。アダム・スミスたちの経済学は古典派経済学と呼ばれた。

19世紀に入ると，イギリス経済でも過剰生産恐慌が発生した。過剰生産恐慌が発生すると，販売が行き詰まり，失業者があふれ，物価は下落した。こうした背景で，カール・マルクスの資本論が書かれた。マルクスは，スミスの労働価値説（労働が価値を生むという考え）を引き継いだ，と言われる。資本論は1860～90年代に書かれたとされるが，イギリス経済を対象として，恐慌の必然性を論じている。マルクスはもともとドイツ系のユダヤ人であったが，イギリスにおいて，エンゲルスと共に，経済学を論じた。恐慌の発生という事態に対し，マルクスとエンゲルスらは，社会主義という政治システムを主張した。

アダム・スミスの経済学は，他方で，新古典派と呼ばれた経済学者に引き継がれた。イギリスのケンブリッジ大学には，ケンブリッジ学派（新古典派に属

する）と言われる学者たちがいた。そのなかには，A・マーシャルという経済学者がいて，セイ法則や，貯蓄・投資の利子率決定論などに基づいて，金利の理論を展開していた。セイ法則とは，フランスの経済学者セイによって唱えられた学説で，供給は自ら需要を生み出す，というものである。つまり，生産すれば売れる，という楽観的な見方であった。また，貯蓄・投資の利子率決定論とは，利子は貯蓄（資金供給）と投資（資金需要）の自動調整の結果として決まる，というもので，やはり市場メカニズムを信奉するものであった。

　J・M・ケインズは，流動性選好説を打ち出して，セイ法則や利子の自動決定論を否定した。流動性選好説とは，単純化すると，人々は流動性（現金への交換可能性のことだが，現金が最も流動性が高い）を好み（選好し），流動性を手放そうとしないので，利子率は上昇しやすい，ということである。また有効需要は消費と投資からなり，消費は一定であるが，投資は不足しやすい。流動性選好のために，利子率が上昇しやすく，投資は不足する。そこで，低金利政策をとり，民間の設備投資を促すと同時に，政府部門が公共投資をして，投資と有効需要を増やせば，不況から脱却できる，と説いた。公共投資の財源としては，国債発行とされた。いわゆるケインズ政策である。

　ケインズの主著である，『雇用，利子，および貨幣に関する一般理論』は1936年に書かれた。世界大恐慌が1929年に発生してから7年後に書かれており，ケインズ理論は不況や恐慌からの処方箋という性格が強かった。

　スミス以来の経済学の歴史を見ると，政治経済学としての性格が強く，不況や恐慌などに対する，国の経済政策と密接不可分に展開されてきたことが分かる。したがって，経済学におけるファイナンス論（あるいは金融論）は，国の経済政策と関係した，中央銀行の金融政策などが中心的な位置を占めることになる。

商学の成立と形成

　経済学は古典派A・スミスたちによって，18世紀後半にイギリスで創始されたが，商学も18世紀後半から19世紀初頭にかけてドイツなど欧州で生誕したと考えられる。商学という学問は，経済学と同様に，古く長い歴史を有している。

　ドイツでは，18世紀から19世紀にかけて，官房学と呼ばれた学問が栄えた。

官房学とは，王侯の富国策に関する学問であり，国を経済的に繁栄させるために官房（官僚）がすべき知識の体系である。官房学は，今日の行政学的分野のほか，公経済学や私経済学といった分野から構成されていた。このうち，公経済学は，今日の財政学となっていった。他方，私経済学は，産業の振興を課題として，商学の基礎となっていった。

当時のドイツでは，まだ株式会社は本格的には普及しておらず，個人的企業資本家が中心であった。したがって私経済学は，個人的企業資本家が処理しなければならない諸課題を体系的に整序しようとしていた。つまり，商品，商業地理，商業史，商法，簿記，通貨等に関する知識を集め，個人的企業資本家である商人に提供しようとした。また，私経済学あるいは初期の商学は，重商主義思想（国家が経済に介入して国を富ませる経済政策）からも影響を受けていた。

ロイクス（Leuchs, Johann Michael）は，1791年に『商学の一般概説』（*Allgemeine Darstellung der Handlungswissenschaft*）を著した。また1804年に，『商業の体系』（*System des Handels*）を書いた。これらは商学の古典とされている。ロイクスは著書のなかで，商品論や貨幣論といった取引手段論，利益・費用・価格といった価値決定論，仕入れ・販売・支払い・発送といった商業論，商業事務としての帳場学（簿記の概説，通信文の書き方，文書作成等），投機学（不確実性論），国家商業学（商業を振興するために国家および商人が行う施策等）などを論じている。すなわち，ロイクスの商学においては，商人などが商業を営む実務的な課題が中心になっていたと見られる。

イギリスでは，すでに18世紀に産業資本主義が開花していたが，ドイツは後発資本主義としてスタートした。またドイツが近代国家として統一されたのは，19世紀後半（ドイツ帝国は1871年に成立）であり，それまではプロイセンやバイエルンなどの諸邦に分かれていた。したがって，イギリスに追いつき，近代国家として経済的に栄えるためには，商学を広め，商学を学んだ商業人や企業家を育成する必要があった。こうした歴史的背景において，19世紀後半に，ドイツを中心として，商科大学が相次いで設立された。

欧州における商科大学の設立に続き，日本では明治政府により，東京高等商業学校が設立された。これが日本における商学の本格的開始である。日本でも，高等商業学校や商科大学は，企業エリートの育成という実践的課題と結び付いていた。このために，日本での商学は，狭義の商業学にとどまらず，貿易論，

金融機関論，銀行論，証券論（戦前は取引所論と呼ばれた。以下同），信託論，交通論（陸運，海運等），保険論と幅広く展開された。こうした科目の展開は，日本における商学が，金融機関や総合商社（戦前は商社と呼ばれた。以下同），運輸業などの幹部候補生の育成という役割を担ってきたからである。

　商学は経済学と同様に長い歴史を持っており，初期の商学は個人商人が商業を営む知識のまとまりであった。したがって，ファイナンス論としては，取引手段としての貨幣論，現金，銀行振込，手形などの支払手段論などが中心であった。ただし日本では，銀行を含む金融機関論など広く論じられてきた。

経営学の成立と形成

　経営学は，もともと商学の一部として成立し，形成された学問分野である。19世紀後半になると，欧州では，工業が普及し拡大した。また個人企業に代わり，株式会社が増加し，独占企業も現れた。こうした時代背景において，初期の商学が商業と個人企業を対象としていたのに対し，経営学は工業と株式会社を視野に入れて形成された。商学の一部として経営学は形成されてきたため，今日の商学においても，企業経営に関する分野が存続している。後述するように，現在の日本の商学部では，商学の1つの柱として経営学を位置づけていることが多い。

　現代日本の経営学は，大きくドイツ経営学の流れと，アメリカ経営学の流れから成っている。とりわけ，ドイツ経営学が，商学の一部として成立し，発展してきた。すでに指摘したように，ドイツは1871年に近代国家として統一されたが，イギリスに比べ資本主義の発達が遅れたため，宰相ビスマルクによって，富国強兵と殖産興業によって上から（政府主導）の工業化が進められた。このために，企業（工業）エリートを育成する必要があった。そこでドイツ各地に国立の商科大学が設立された。当時の中心的科目は個別経済学や私経済学と呼ばれたが，すでに指摘したように，私経済学は商学の別称であったから，経営学が商学と密接に形成されてきたことが分かる。第1次大戦後，経営学としての，個別経済学や私経済学は，経営経済学となって独立し発展した。

　経営経済学は，純粋学問的な国民経済学から，金儲けとして批判された。そこで経営経済学は，それへの対応として，科学方法論を重視するようになった。方法論を重視して，科学としての純度を高め，国民経済学に反論しようとした。

第1次大戦後の経営経済学者としては，動的貸借対照表論（財産状態ではなく，損益計算を重視する貸借対照表）を展開したシュマーレンバッハ，生産性パラダイム（操業度と費用曲線などの理論的関係）を論じたグーテンベルグを挙げることができる。シュマーレンバッハは会計学者であり，会計学が経営経済学の一分野として発達したことが分かる。

　アメリカ経営学は，作業現場（工場）での実践的な問題として発展してきた。つまり，工場で，いかに経営を管理するか，といった必要性から生まれた。今日の経営学において，生産管理，販売管理，財務管理，労務管理というように，管理という用語が使用されるのは，もともとアメリカ経営学が，経営を管理するという視点から生まれたためである。

　アメリカ経営学として，テイラーは科学的管理法によって，管理の科学化を図ろうとした。当時の工場において，労働者の組織的怠業を解決し，管理するために，科学的管理法は生まれた。またメイヨーは，1920年代に人間関係論を論じた。労働者は経済的動機以上に，社会的動機によって動機づけされる存在であり，そのために人間関係の改善が重要とした。マズローは第2次大戦後に，動機づけ理論を展開し，自己実現要求を人間の最高次の要求とし，アージリスのリーダーシップ論などと共に，行動科学を形成した。

　経営学としてのファイナンス論は，財務管理論として，企業や工場の経営財務をいかに管理するか，ということが中心である。企業財務が，資金繰りの悪化等にならないように，財務を管理することが中心であろう。

2　日本における商学の成立・発展とファイナンス

旧高等商業学校，旧三商大と商学

　ドイツのビスマルクと同様に，日本の明治政府も，富国強兵と殖産興業を進めた。このためには，優秀な軍人，官僚，そして企業人といった人材の育成が不可欠である。軍人は陸軍士官学校で，官僚は東大など旧七帝大で育成された。これに対し企業人の育成は，商法講習所（1875年，明治8年）で開始された。商法講習所は，後に東京高等商業学校となる。幕末から明治初期にかけて，貿易は外国商人に独占され，日本人が関与できなかった。当然，外国商人に有利になる。森有礼（初代文部大臣）や福沢諭吉は，商法講習所において，日本人の

貿易商人を育成しようとした。
したがって，英語が最も重視さ
れ，簿記，算術，地理などが中
心科目であった。後に，商法，
商業英語，商品学，経済学など
が加わった。

　商法講習所は，1884年（明治
17）に，官立の東京商業学校と
なり，さらに1887年には高等商
業学校となった。教育内容とし
ては，商業に役立つ実務教育が
中心であり，やはり英語が重視
され，算術，簿記，商品学，商
業地理などが教えられた。当時

表序 - 1　欧州における商科大学の設立

設立年	国	大学名
1852	ベルギー	アントワープ商業大学
1898	ドイツ	ライプチッヒ商科大学
1898	ドイツ	アーヘン商科大学
1901	ドイツ	ケルン商科大学
1901	ドイツ	フランクフルト商科大学
1906	ドイツ	ベルリン商科大学
1908	ドイツ	マンハイム商科大学
1910	ドイツ	ミュンヘン商科大学
1915	ドイツ	ケーニスベルク商科大学
1919	ドイツ	ニュルンベルク商科大学

出所：橘木俊詔『三商大』岩波書店，2012年，37頁に
　　　加筆作成。

の卒業生の就職先としては，銀行，保険，総合商社，海陸運が3～4割を占め
ていた。日本の商学に，銀行論，保険論，貿易論，流通論が配置されるのは，
きわめて実践的理由が大きい。日本における商学は，ビジネスエリート育成の
実学として形成された。

　すでに商学の形成に関連して触れたが，19世紀後半から20世紀初頭にかけて，
ドイツを中心に欧州では商科大学が相次いで設立された。表序 - 1が欧州にお
ける商科大学設置を示す。1852年にはベルギーにアントワープ商業大学が設立
された。後に日本において，1902年に東京専門学校が早稲田大学へ改称し，大
学部商科が1904年に開設された。早稲田の商科が開設された時，ベルギーのア
ントワープ商業大学がモデルとされた。さらに，1898年のライプチッヒ商科大
学とアーヘン商科大学をはじめとして，ドイツでは9つの商科大学が設立され
た。ドイツ経済の発展に伴い，商科大学設置によって企業人育成も推進された。
ドイツなど欧州の商科大学には，日本から高商の教員が多数留学しており，欧
州での商科大学設立に感化されて，「ベルリン宣言」(1901年)を出して，日本
における商科大学設置を訴えた。ベルリン宣言では，商科大学は5つの学科，
すなわち商業経営科，銀行科，交通科，保険科，商政科からなるとされた。

　日本では1902年に神戸高商，また大正にかけて大阪，山口，長崎，小樽にお

いて高商が設立された。神戸，大阪は東京とならんで後に三商大となり，長崎，小樽は横浜（後に設立）とともに三大高商と呼ばれる。1910年代に，日本経済は発展を遂げたが，1919年には東京帝大法学部から独立して経済学部が創設された。こうした流れのなか，東京高商は，東京商科大学（後に一橋大学）へ1920年に昇格した。東京商科大学の創立当初は5分科があり，貿易および経済科，商工経営および経理科，銀行科，交通および保険科，領事科であった。したがって，実務的観点から実学が重視されていた。

　大阪高商が，大阪商科大学（後に大阪市立大学，とくに商学部）に昇格したのは，1928年（大正17）であった。大阪商科大学へ昇格した当初，貿易科，金融科，経営科，市政科からなっていた。大阪商科大学においても，実務的観点からする実学として商学を位置づけていた。同時に，商学のなかに経営科が置かれているように，伝統的には経営学は商学の一部であった。

　商学はもともと18世紀から19世紀の欧州で，商人の知識として始まったが，日本においては，銀行や保険会社，海運や陸運などの物流会社の幹部候補生を育成する色彩が強かった。したがって，商学におけるファイナンスは，企業金融の他，銀行論，保険論，証券論などが重要な位置を占めてきた。また，学問の領域と対象は固定されたものではなく，社会や企業の変動に伴って，変わっていく。今日においては，企業は海外直接投資を増加させており，海外直接投資も商学の対象となっている。

現在の商学部のカリキュラム

　今日，商学とはどのような学問なのか，商学部のカリキュラムから考えてみよう。一橋大学商学部では，主要な4領域として，経営学，会計学，マーケティング，金融を挙げている。まず経営学とは，企業を直接的な対象として，その活動を考察する領域，としている。経営学における主要な科目として，企業経営を全体的な視点から考察する，「経営戦略論」「経営組織論」等がある。企業における特定の機能について考察する科目として，「財務管理論」「労務管理論」等がある。

　会計は，企業活動を資本の側面から捕捉し，いわばビジネスの共通言語としての役割を果たす。会計学の主要な科目として，専門科目は「簿記システム論」「財務会計論」等がある。会計情報の利用や仕組みを学ぶ科目として，「財

務諸表分析」「管理会計論」等がある。

　マーケティングは，企業の活動を，顧客の側面から捉える。顧客のニーズに関する情報を集め，ニーズに合った商品やサービスを作り，その魅力を知らせ，顧客のもとに届ける一連のプロセスに関する学問である。

　金融は，個人，企業，政府，金融機関等，あらゆる経済主体の活動を，お金の視点から考察する。包括的な科目としては，「マクロ金融論」「ミクロ金融論」「リスクと保険」等がある。専門的な科目としては，「金融政策論」「金融システム論」等がある。

　一橋大学商学部のカリキュラムを見ると，商学の一分野として経営学があること，会計学も商学の一分野とされていること，金融も商学の一分野であり，かつマクロ的な金融も含む，といった特徴があると言える。

　大阪市立大学商学部では，現在のカリキュラムで，経営，商学，会計といった3つの主要分野がある。また早稲田大学商学部では，経営，会計，マーケティング・国際ビジネス，金融・保険，経済，産業という6つのトラックを設けている。いずれも，商学のなかに経営学があり，また商学の一分野として金融（ファイナンス）がある。

　一橋大学，大阪市立大学といった旧三商大や，早稲田大学，慶應義塾大学といった伝統的な私立大学では，いずれも商学部が置かれ，経営学部は置かれていない。また関西の私立大学でも，同志社大学，関西学院大学，関西大学はいずれも商学部があり，経営学部はない。こうした大学における商学部と経営学部の事情を見ると，欧州と同様に，日本においても，商学は明治以来の長い歴史と伝統があり，経営学は第2次大戦後に本格化した，新しい学問ということが分かる。

　旧三商大のなかで，神戸大学だけは，第2次大戦後に経営学部を設置し，商学部を設置しなかった。神戸大学は1948年に，新制大学として設置申請しているが，経済学部と経営学部であった。全国の国立大学で，経営学部を有するのは，神戸大学と横浜国立大学だけで，いずれも戦後の設置である。

商学とファイナンス

　以上で，経済学，商学，経営学という学問の成り立ち，日本における商学の成立・発展，商学と経営学の関係について検討してきた。いずれにせよ，これ

表序 - 2　経済学，商学，経営学と
　　　　ファイナンス系科目

経済学	金融論
	金融政策論
	マクロ金融論
商　学	銀行論
	保険論
	証券論
	金融機関論
	信託論
	貿易金融論
経営学	財務管理論
	経営財務論
	財務分析

出所：筆者作成。

ら３つの学問は隣接する学問であり，相互に重複する分野を有している。したがって，明確に区分することは難しいし，不可能である。ただし，比重の置き方は，明確に異なっている。

　経済学，商学，経営学とファイナンス関連の科目関係は，表序 - ２のような配置になろう。経済学は，政治経済学としての性格が色濃く，国の経済政策との関連で論じられてきた。J・M・ケインズは，恐慌（有効需要の不足）に対し，低金利政策と国債発行による公共投資の創出という政策を打ち出した。そして，経済理論から，中央銀行の金利政策を論じた。したがって，経済学においては，金融論のほか，中央銀行の金融政策を論じる「金融政策論」，また国民経済全体に関わる「マクロ金融論」などが主要な科目となろう。

　ついで商学は，18世紀の欧州で，商人のための知識として誕生し，日本に明治期に導入され，企業エリート育成の実学として発展してきた。銀行や保険会社に入る幹部候補生を育成するために，銀行論，保険論，証券論，金融機関論，信託論などが教えられてきた。また総合商社に入る場合には，貿易金融論，外国為替論などが展開されてきた。ただし商学は，銀行など金融機関や総合商社など企業の金融全体を見るので，商学におけるファイナンスとは，基本的に企業金融と言える。

　経営学は，ドイツで発展した経営経済学の流れと，アメリカで発展した経営学の流れから形成されている。アメリカの科学的管理（テイラー）の視点からは，財務管理論が重要になる。経営財務論では，企業資本の調達が主要な論点になった。他方，財務管理論では，企業の資金運用も含み，企業の資金調達が検討される。財務管理論では，キャッシュ・マネジメント（現金収支の管理）や，企業の購買・製造・販売の全体に関わる財務管理コントロールが問題になる。企業は財務管理のために，財務計画を立て，予算統制する。こうした経営管理

の一環としての財務管理論が経営学では重要になる。

　商学においては，ファイナンス論として，企業金融が中心であり，銀行論，保険論等が教えられる。しかし，金融政策論が必要ではない，ということではない。中央銀行の金融政策を理解しなければ，今日の銀行経営や企業のファイナンスを理解することはできない。こうした関係を踏まえれば，商学のファイナンス論においても，中央銀行の金融政策論は必要になってくる。

3　ファイナンス論の構成

　以下では，本書の構成に則して，ファイナンス論の対象について説明する。

ファイナンスと企業金融（第1章）

　企業金融を理解するためには，まず金融およびファイナンスの全体を理解する必要がある。金融の全体像と企業金融の関係を理解するためには，資金循環統計が分かりやすい。資金循環表は，経済部門として，家計，企業（非金融法人），政府，海外という4部門を想定し，これら4部門の間での，資金循環（マネー・フロー）として，金融を説明する。4部門間での資金循環には，金融仲介機関（銀行，保険等）を経由するものと，経由しないものがある。

　伝統的かつ歴史的に，資金余剰の経済部門は家計部門であり，家計部門は貯蓄を資金不足部門に供給してきた。高度経済成長期まで，最大の資金不足部門（資金調達部門）は企業部門であった。設備投資が活発であったから，資金需要が旺盛で，資金は不足し，企業は資金を外部から調達した。家計は貯蓄を，主として銀行に預金したから，企業は銀行から借り入れた。しかし，1990年代以降，大きく変化した。企業は資金余剰となり，家計と並び資金を供給する部門となった。他方，最大の資金不足部門は政府部門となった。現在，家計と企業が銀行に預金し，銀行（中央銀行としての日本銀行を含む）など金融仲介機関が国債を保有することで，政府部門に資金供給している。こうしたなかで，企業金融も大きく変化している。設備投資などの資金需要は減り，自社株買いや配当，あるいは企業買収などの財務的な資金需要が増えている。

企業財務とファイナンス（第2章）

　企業のファイナンスを理解するためには，ファイナンスがなぜ必要になるのか，企業の財務を踏まえて理解する必要がある。そのためには，財務諸表の仕組みを学ぶことが不可欠になる。財務諸表は，損益計算書，貸借対照表，キャッシュフロー計算書から成っている。損益計算書は，一定の期間（1年間，四半期等）における売上高，費用，利益等を示している。現金取引以外も，損益計算書には計上される。貸借対照表は，企業の資産（資金を何にしているか，運用）と企業の資金調達（資金をどうやって集めているか）を示す。キャッシュフロー計算書は，キャッシュ（現金）の流れを示している。

　企業の資金需要には，短期と長期があり，これによってファイナンスのあり方も影響されるため，短期と長期の資金需要を理解する必要がある。企業の短期資金需要は運転資金とも呼ばれ，長期の資金需要は設備資金となる。企業が資金を調達する場合，まずは内部資金でファイナンスすることができる。企業の最終利益は資本に組み入れられ，内部留保されるが，内部留保を使うことができる。内部の資金で不足する時には，銀行から借り入れる，社債を発行する，株式を発行する，といったファイナンス方法になる。最近は，アセット・ファイナンスと呼ばれる，資産を活用するファイナンスも注目されている。

企業と銀行（第3章）

　歴史的に日本では間接金融が中心であったから，企業のファイナンスは銀行借入が中心であった。銀行の基本業務とは，預金受入，貸出，為替（決済）という3業務である。預金には，普通預金の他，当座預金等があり，貯蓄という役割もあるが，決済できることが重要である。銀行が企業に貸出する際にも，企業の預金口座に振り込まれるので，貸出と預金は不可分に結び付いている。

　企業が銀行から借入れをする場合，期間（長期か短期か），担保（有担保か無担保か，物的担保か人的担保か），金利（長期プライムレートか，短期プライムレートか）などが主要な問題となる。また銀行借入と言っても，手形割引や証書貸付など4形態がある。

　日本の銀行には，普通銀行の他，長期信用銀行，信託銀行等がある。普通銀行には，いわゆるメガバンクと呼ばれる都市銀行，リージョナルバンクと呼ばれる地方銀行等がある。長期信用銀行と信託銀行は，企業向け長期貸出を担っ

てきた。

企業と証券市場（第4章）

　1980年代以降，日本の企業によって，直接金融，すなわち証券市場でのファイナンスが増加してきた。企業等が証券発行する市場を証券発行市場と呼ぶ。証券発行市場における発行方法にも，多様な方法がある。また，未公開企業が新規に株式を公開することを，新規株式公開（IPO）と呼び，近年注目されている。発行された証券が，売買される市場を，証券流通市場と呼ぶ。証券流通市場は，証券取引所が中心的な役割を果たしてきたが，最近変化も見られる。

　証券市場を担う金融機関は，証券会社等である。証券業には，4業務と呼ばれる業務がある。銀行業の基本は，預金受入，貸出，為替（決済）であるが，証券業と銀行業は異なっている。証券業は，証券会社が営むが（銀行も可能だが後述），大手証券会社，中小証券会社のほか，近年ではネット証券，外資系証券も台頭している。

企業金融とコーポレート・ガバナンス（第5章）

　現代の企業は多くが株式会社形態をとっている。歴史上，株式会社が普及した時代には，株主と経営者が同一ということが多かったが，今日では株主と経営者は別であり，これを所有と経営の分離と呼ぶ。所有と経営の分離に伴い，株式会社の意思決定（ファイナンスに影響）には，複数の考え方やタイプがある。アメリカを中心として，エージェンシー理論と呼ばれる考え方があり，経営者は株主のエージェンシー（代理人）という考えになる。この考え方では，経営者（社長等）は，株主価値の最大化を図るため，配当増額や株価上昇を求められる。短期的な利益最大化が目標となり，従業員の解雇（レイオフ）も起こる。

　しかし，エージェンシー理論は，世界共通で唯一の考え方ではない。伝統的に，日本的経営では，経営者は従業員出身であることが多く，従業員の利益が重視され，終身雇用制が強かった。さらに間接金融中心であったから，メインバンクの影響が強かった。またドイツでは，経営に対し，監査役会が強い影響力を有しているが，労働組合代表が監査役会には参加している。このように，会社（株式会社）の意思決定には，複数のタイプがある。株式会社の企業統治をコーポレート・ガバナンスと呼ぶが，コーポレート・ガバナンスのあり方は

ファイナンスに強く影響する。

企業とリスク・マネジメント（第6章）

　企業は経営を取り巻くリスクを管理する必要があり，またそのリスク管理を
ビジネスにしている。リスクは大きく分けて2種類あり，純粋リスクと投機的
リスクがある。純粋リスクとは，人の死亡するリスクや事故によるリスクであ
る。人の死亡するリスクには，生命保険業が，事故によるリスクには損害保険
業が対応する。生命保険会社は，生命保険だけではなく，年金保険等も手掛け
るが，日本企業の大株主という側面も有していた。損害保険会社は自動車保険
や火災保険が中心であるが，近年は台風や地震への対応も課題となっている。
　投機的リスクとは，金融商品のみならず，投機による，様々な商品価格の価
格変動リスクである。株式や債券といった金融商品が投機対象となることは言
うまでもないが，原油や小麦といった商品も投機対象となっている。たとえば
航空会社は，石油製品の大口ユーザーであり，原油価格の変動は経営に大きな
影響となる。そこで，航空会社は，先物（将来時点での取引を現在決める）やオ
プション（将来時点での売買する権利であり，保険機能を持つ）といったデリバ
ティブを使い，リスクをヘッジ（予防）する。

企業金融と中央銀行（第7章）

　日本では，歴史的に企業金融で銀行が大きな役割を果たしてきたが，その銀
行に強い影響力を与えるのが，中央銀行としての日本銀行である。中央銀行の
金融政策には，基準貸付利率，公開市場操作（通称オペ），準備率操作という3
つがある。銀行は，中央銀行の金融政策によって，資金調達に影響を受けるた
め，企業向け貸出にも変化が生じる。
　1980年代から，日本では金融自由化が進み，金融政策や銀行にも自由化の波
が押し寄せた。金融政策では，公定歩合に代わって，コール金利（短期金融市
場であるコール市場の金利）が操作目標となった。銀行の預金金利や貸出金利も
自由化され，証券市場が拡大した。
　2000年代に入り，中央銀行はゼロ金利政策や量的緩和政策をとってきた。銀
行等は金融市場において実質ゼロ金利で資金を調達できるし，銀行が日本銀行
に持つ当座預金残高は400兆円程度に積み上がっている。こうした金融緩和に

かかわらず，銀行の企業向け貸出はさほど増加していない。また，銀行の利鞘
は縮小し，経営環境は厳しくなっている。

企業の海外進出（第8章）

　現在，日本企業は海外進出を強めている。1980年代から，為替レートの円高
が進み，輸出が打撃を受けたため，生産拠点の海外移転が図られた。さらに，
人件費が安いという要因や，販売する国や地域に近いという要因もあり，海外
直接投資が増加した。今日では，日本国内が少子化・高齢化で国内市場が拡大
しないこともあり，日本企業は海外に進出している。また海外進出は，海外現
地企業の買収も含む。

　企業の海外投資には，直接投資のほかに，間接投資があり，海外証券投資と
も呼ばれる。日本国内の証券利回りが低いこともあり，日本の生命保険会社や
信託銀行は，米国債に投資している。間接投資（海外証券投資）は19世紀以来
の歴史があるが，直接投資は主として第2次大戦後に生まれた，新しい動向で
ある。海外直接投資の増加は，企業金融にも影響を与えている。

企業金融と税制（第9章）

　企業にとって，節税は利益（所得）を増加させ，重要なファイナンス手段で
ある。これは，個人事業主から，巨大な多国籍企業まで同じである。個人事業
主は法人成りすることで節税できるし，多国籍企業は低税率国で納税して節税
できる。税務戦略（税金対策）は，企業の財務戦略の一部である。

　企業は会計基準により財務諸表を作成するが，納税は税法という別の基準に
よる。会計上の利益と税法上の課税所得は異なる。また，税法による課税所得
は圧縮が可能である。そもそも日本の法人の7割程度は，法人税を払っていな
い。大企業は減価償却費等で割増を認められている。最近の問題は，多国籍企
業の課税問題である。GAFA など巨大 IT 企業が課税逃れをしているとされ
る。

企業金融の理論（第10章）

　企業金融の理論について，初歩的な入門を学ぶ。まず，証券価格の計算に関
連して，割引現在価値という考え方がある。単純化すれば，今年の100万円に，

金利1％がつけば，来年には101万円になる。したがって，来年の100万円は，1.01で割引したものだから，今年の99万円ということになる。割引現在価値は，債券価格の算出等に利用される。同様に，株価の理論価格を算出する場合にも，将来の配当の合計額を，現在価値に割引という方法がある。これを配当割引モデルと呼ぶ。

　会社の価値，あるいは企業の価値を計算することが重要になっている。背景として，企業買収（M&A）が国内外で増加し，買収価格の算出が重要になっている。中小企業でも，後継者不足等から買収されることが増えている。企業価値の算出において，キャッシュフローが重視されることがある。第2章でキャッシュフロー計算書を学ぶが，フリーキャッシュフローが企業価値においても利用される。

企業の決済とフィンテック・仮想通貨（第11章）

　企業は取引を決済するために，銀行経由で送金する。銀行は，企業の送金をするために，全銀システムと呼ばれる送金システムを使用する。この全銀システムは，日本銀行を含み，全国の銀行によって構築された決済システムである。このシステムを維持するために，銀行はコストを払っている。決済（送金）コストは，このために発生する。さらに，海外に企業（個人も同様）が送金すると，かなりのコストが必要となる。海外送金には，SWIFTと呼ばれる制度が利用される。

　最近，フィンテック（金融とITの結合）と呼ばれる金融技術が注目される背景には，国内外での送金コストが高い，という問題がある。少なくとも，送金システムのユーザーからは，高コストへの不満がある。そこで，フィンテック業者が，低コストで送金する仕組みを生み出している。フィンテックの動向と関連して，仮想通貨（ネット上の通貨）が開発されている。こうした問題も，ファイナンス論で検討される新しい課題であろう。

　ファイナンスは，経済学，商学，経営学にまたがる学問分野であり，これら3つの学問は密接に関連している。しかし，本章において説明したように，経済学，商学，経営学はそれぞれ独自に成立したものであり，それぞれの学問でファイナンス系科目が存在している。

　日本では，商学は，旧高等商業学校や旧三商大などで開始された。その際，ドイツなど欧州における商科大学が参考にされた。今日の商学部のカリキュラムでは，経営学，会計学，ファイナンスなどが基本的な柱とされていることが多い。

参考文献

福田敬太郎『商学総論』千倉書房，1954年。

岡本人志『ドイツの経営学』森山書店，1997年。

風間信隆・松田健編著『実践に学ぶ経営学』文真堂，2018年。

橘木俊詔『三商大』岩波書店，2012年。

一橋大学学園史刊行委員会『一橋大学百二十年史』，1995年。

一橋大学商学部ホームページ（http://www.cm.hit-u.ac.jp）。

雲嶋良雄「経営学――一橋経営学の系譜」『一橋大学創立百年記念　一橋大学学問史』一橋大学学園史刊行委員会，1975年。

『早稲田大学商学部百年史』早稲田大学商学部，2004年。

『神戸大学百年史　通史 I』神戸大学，2002年。

『大阪市立大学百年史　部局編　上』大阪市立大学，1983年。

さらに読み進めたい人のために

代田純『誰でもわかる金融論』学文社，2016年。

　＊初学者向けの金融論テキスト。

代田純『新版　図説　やさしい金融財政』丸善，2009年。

　＊図表やイラストで，新入生向けに説明したテキスト。

島村高嘉・中島真志『金融読本［第31版］』東洋経済新報社，2020年。

　＊31版を重ねた，金融論テキスト。

（代田　純）

第 I 部

ファイナンスの基礎

第１章

ファイナンスと企業金融

――資金を伸介するファイナンス――

―― Short Story ――

　ミネオ君は希望の大学に合格し，期待に胸を膨らませていました。しかし喜びもつかの間，両親から授業料の一部を自分で用意してもらいたいと言われました。

　そこでミネオ君は様々な奨学金や学資ローンについて調べました。公的な機関が提供する奨学金もありますが，民間の銀行もたくさん学資ローンという名前の商品を出していました。最終的には公的な奨学金を受給できることになりましたが，ミネオ君は調べていく中で今まで知らなかったことがたくさんあることに気が付きました。同じ学資ローンという名前の商品でも金融機関によって利子や借入可能額，返済期間などが異なります。

　そしてミネオ君は，ふと考えました。銀行が提供するローンの資金はどこから来ているのだろうか。なぜ金融機関によって利子や借入額などの条件が異なるのだろうか，と。

　私たちの身の回りは，スマートフォンやノートパソコン，洋服や食品など様々な商品であふれている。企業は，銀行や金融市場から資金を調達し商品を生産している。家計もマイホームを購入する時は，銀行からお金を借りる人が多い。ファイナンスは，資金を貸し出す，投資を仲介するといった活動を通じて，企業や家計の経済活動を支えている。本章ではこうしたファイナンスの役割と企業金融の関係について解説する。

1　資金循環と企業金融

資金循環と金融

　一国の経済社会は多種多様な人々の活動から構成されている。こうした経済主体を家計・企業・政府・金融機関の 4 つに分けて考える。家計は人々が生活する上で最も基本的な経済単位である。給与などの所得から生活に必要な商品を購入し，残りを貯蓄する。企業は人を雇い，原材料を購入した上で生産活動を行い，商品を販売する。政府は消費税や法人税などの税金を集め，それらを用いて様々な社会保障や公共事業を行う（図 1-1）。

　家計・企業・政府はそれぞれの経済活動を営む中で，資金が余ることもあれば不足することもある。家計は所得の範囲内でしか消費を行わなければ資金余剰になるが，逆に住宅を購入する際には自己資金だけでは不足することが多いため，銀行から住宅ローンを借りる。企業も，原材料の購入や設備投資が自社の内部資金を上回る場合，資金不足となり銀行や証券市場から外部資金を調達しなければならない。政府も社会保障などの支出を税収で賄うことができない場合は，資金不足主体となり外部からの資金調達が必要になる。こうした各経済主体で発生する資金余剰・資金不足を仲介するのが金融機関・金融市場である。

　金融機関による資金仲介が円滑に実行されることで，国全体の経済活動が発展してきた。銀行は預金によって資金を調達し，企業や家計などに貸し出す。証券会社は，資金調達が必要な企業の株式や債券の発行を仲介し，投資家に販売する。どの経済主体もファイナンス（金融）が存在することによって，自らの資金を超えて消費や投資を実行することができる。逆に金融機関に問題があり，資金仲介が滞ると経済活動全体が縮小する。多くの家計が銀行から住宅

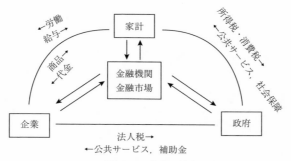

図 1-1　資金の循環

出所：筆者作成。

ローンを借りることができなければ，国全体の住宅建設が減少し，景気が後退するかもしれない。また企業が新商品を開発しても生産拡大のための資金を調達することができなければ投資計画を断念せざるを得ず，新商品を販売できない。金融市場や金融機関が正常に機能することで，資金を必要とする企業や家計が外部から資金を調達できる，また逆に資金を余らせている経済主体が資金の運用によって利子や配当を得ることができる。こうした仕組みによって経済が発展していく。

日本の資金循環

　国内でどのような金融取引が行われ，どこからどこへ資金が移動しているのか，を見るために資金循環統計がある。資金循環統計は，経済主体を前述の家計・企業・政府・金融機関の4つに海外を加えた5つの部門に分けて，それぞれの金融資産と外部資金調達を示している。

　ではさっそく日本の資金循環の全体像を見ていこう。図1-2は家計・企業（民間非金融法人）・政府・海外の資金過不足を表している。資金過不足は各部門の金融資産の取得額から外部資金調達をマイナスしており，この値がプラスであれば資金余剰主体，マイナスであれば資金不足主体を意味する。たとえば2018年に家計は預金や保険などで20兆円の金融資産を取得しているが，住宅ローンなどで6兆円の資金を調達している。差し引き14兆円の資金余剰が発生していることになる。

　図1-2を見ると，家計はほぼ一貫して資金余剰主体として資金の出し手と

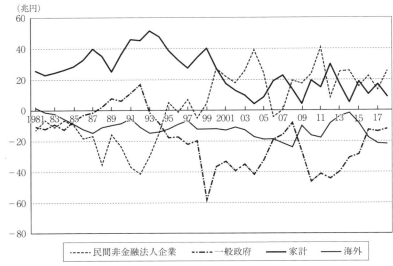

（兆円）

図 1 - 2　部門別の資金過不足

出所：日本銀行「資金循環統計」。

なっていることが分かる。しかしその資金余剰額は長期的に減少傾向にある。
1990年代には30～50兆円規模の資金余剰であったが，近年では10～20兆円程度
で推移している。とくに90年代末から2000年代初頭にかけての減少が特徴的で
ある。同時期には家計の貯蓄率（可処分所得に占める貯蓄の割合）が低下したこ
とも注目をあびた。背景には様々な要因がある。90年代末はバブル経済崩壊後
のリストラと所得の減少が本格的に進んだ時期であり，家計が貯蓄を行う，す
なわち金融資産を取得する余力を低下させた。また高齢化によって貯蓄を取り
崩して生活する世帯が増えたことも指摘されている。しかし2000年代半ばには，
貯蓄率の低下に歯止めがかかり，それ以降の家計の資金余剰は20兆円前後で推
移している。
　次に企業（民間非金融法人）を見てみよう。通常，企業は生産活動を始める際
に資金を必要とするので資金不足主体となることが多いが，図 1 - 2 を見ると
2000年代以降ほぼ一貫して資金余剰となっていることが分かる。1990年代まで
は内部資金を上回る設備投資・不動産投資が行われ，資金不足主体として積極
的に外部資金を調達していたが，90年代後半から変化が見られるようになった。

　この時期以降，企業は家計と並ぶ資金余剰主体となった。ただ注意しておきたいことは，これはあくまでも民間企業全体の金融資産取得額と外部資金調達額を差し引きした結果，ネット（純額）で資金余剰主体となったことを意味しており，個別企業単位で見た場合，外部資金を必要とする企業も実際には多数存在している。また資金循環統計の金融資産取得には対外直接投資（外国に子会社などを設立する投資）が含まれていることも指摘しておかねばならない。詳しくは第 8 章で論ずるが，対外直接投資には外国に工場などを建設するといった実物投資も含まれる。対外直接投資を金融資産取得から除いて企業の資金過不足を計算した場合，企業の資金余剰額は2010年以降毎年10兆円程度減少する。しかしその場合でも資金余剰主体であることに変わりはない。

　政府は1990年代初頭に一時，資金余剰主体となっているが，基本的には資金不足の状態である。資金循環統計における政府は中央政府（国）だけでなく公的年金などの社会保障基金や地方政府も含まれている。毎年の資金不足額は変動が大きい。好景気で税収が拡大する時期は資金不足が減少するが，景気が悪化する時期は税収の減少と財政支出の拡大によって資金不足が拡大する傾向にある。リーマン・ショック後には40兆円を超える資金不足が発生しており，国債や地方債によって外部資金を調達していることが分かる。1990年代後半以降，最大の資金不足主体となっている。

　最後に海外を見てみよう。海外もほぼ一貫して資金不足となっているが，これは海外が資金の取り手となっていることを意味する。すなわち日本が海外から投資を受け入れるより，投資を行っている金額が大きいことを示している。日本企業が海外に工場を建設する，外国企業を買収するといった対外直接投資や，金融機関による外国株式や債券の購入といった対外証券投資がその具体的な中身である。近年，外国企業による対日投資も増加しているが，依然として日本はネットで対外投資超過となっている。

資金循環の中の金融機関・金融市場

　図 1 - 2 で確認した通り，今日の日本では資金余剰である家計と企業から資金不足である政府と海外に資金が移動していることが分かる。こうした資金移動を仲介するのが銀行などの金融機関もしくは金融市場である。

　銀行は預金を集め，他方で企業や家計など様々な経済主体に貸し付ける。銀

行が預金で集めた資金は銀行の負債となり，企業への貸付は銀行の資産になる。このため貸付先の企業の業績不振で銀行への利子や元本の返済が滞って不良債権が発生しても，銀行の預金者に対する負債は依然として残る。このように銀行を介した金融仲介は，資金の出し手である預金者の預金が銀行を介して「間接的に」企業に貸し付けられることから，間接金融と呼ばれる（第3章参照）。

　銀行は，上記のような金融仲介だけでなく決済機能も担っていることが重要である。給与の銀行口座への振込や公共料金の銀行口座からの自動引き落としといった決済サービスである。今日の社会では，経済取引の大きな部分が現金ではなく預金によって決済されており，銀行のこうした機能は社会のインフラとなっている。決済機能が銀行の経営危機などにより不安定になると社会全体の経済取引に甚大な影響を与えるため，とくに銀行の経営には高い健全性が求められる。そのため銀行の貸付は，優良な担保を持っている企業，収益が安定している企業などに向かう傾向が強く，リスクが高い企業の資金調達には向かないと言われる。

　リスクが高い，もしくは長期のファイナンスを必要とする場合は，株式や債券などによる資金調達が一般的である。これらは直接金融と言われる。証券会社は，資金調達が必要な企業の株式や債券の発行手続きを支援し，それらを投資家に販売する。株式を発行した企業が赤字で配当がゼロになる，もしくは株価が下がるといった場合，それに伴う損失は株式を購入した投資家が直接的に負う。債券でも企業が利子や元本の返済ができなくなった場合，投資家が損失を負担する。証券会社はあくまでも資金の取り手である企業や政府と出し手である投資家を引き合わせるだけで，自ら投資家に対して負債をもつわけではない。投資家は株式や債券の購入が損失をもたらすかもしれないリスクがあることを理解して投資しているために，リスクが高い事業の資金調達に適したファイナンス手段と言える（第4章参照）。

　それ以外にも保険会社や年金基金，投資信託，ノンバンク，公的金融機関，ベンチャー・キャピタルなど様々な金融機関があるが，それらはそれぞれの特性に応じて資金の仲介を行っている。こうした金融機関・金融市場が機能することで，資金余剰主体から資金不足主体への資金移動が円滑に行われ，経済が発展していくのである。

銀行の金融仲介と貨幣

　銀行は，自らの負債である預金が貨幣（通貨）として機能しているために，金融業界全体の中でもとくに重要な役割を果たしている。貨幣は，価値尺度機能，交換機能，価値保蔵機能をもっている。価値尺度機能とはモノやサービスの価値を示す働きである。たとえばペットボトルの水が 1 本100円であるとか，スナック菓子が 1 袋150円といったものである。交換機能とは，売買を仲介する機能である。誰でも貨幣を相手に渡すことで，様々な商品を購入することができる。貨幣がなければ物々交換の社会になり，取引が停滞することが容易に想像できる。価値保蔵機能とは，一定の価値を保存しておく働きである。食料品などの個々の商品は腐敗や摩耗の危険性がある。貨幣はそうしたリスクが少なく価値を保存しておくことが出来る。

　今日の社会では，現金（硬貨・紙幣）だけでなく預金もこうした機能をもっている。価値尺度機能や価値保蔵機能はもちろんのこと，様々な場面で預金も交換機能をもつ決済手段となっている。電気や水道といった公共料金を預金口座からの自動引き落としで支払っている人は多い。また給与の支払いも預金口座への入金が一般的である。商店などで買い物をした際にクレジットカードを提示すると，指定した銀行口座の預金から買い物の代金が引き落とされる。企業間取引の結果，発生する代金の支払も一般的に現金ではなく手形や小切手が使われるが，最終的にそれらは預金を通じて決済される。このように銀行預金を通して様々な取引の支払いが行われている（第11章参照）。

　預金は大きく決済性預金（普通預金，当座預金）と定期預金に分けられるが，通貨として位置づけられるのは決済性預金だけである。いつでも引き出すことができる決済性預金は，様々な代金の支払いや受取を，口座を通じて行うことができる。定期預金は満期が来るまでの一定期間引き出すことができない。しかし手数料を支払って解約すれば支払に使用できるので「準通貨」として位置づけられている。

フローとストック

　ファイナンスもしくは経済全般を考察するときにフローとストックの違いを理解することは大切である。フローとは，ある一定の期間における変化を表す。たとえば2021年の 1 年間で家計がどれだけ株式を購入したか，といった数値で

ある。それに対してストック（残高）とは，ある時点における残高を表している。2021年末の時点で家計が保有する株式の合計額はいくらか，という数値である。資金循環統計にもフロー表とストック表があり，年々のフローの累積がストックになる。2020年末に家計の株式保有残高（ストック）が200兆円あり，2021年に１兆円株式を取得した（フロー）とすると2021年末には保有残高（ストック）が201兆円になっている，といった関係である。

　ただストックにおける資産・負債が時価評価である場合は，フローの積み重ねがそのままストックに一致するわけではない。株式のように価格が変動する金融資産もある。先ほどの例で，たとえば2021年の１年間で家計が新たに株式を１兆円取得すると同時に家計が保有する株式の価格が１兆円上昇した場合，2021年末の家計の株式保有残高は202兆円になる。

　ストックは金融資産の価格変化を反映しており，フローにも大きな影響を与える。とくに株式のように価格変動が激しい金融資産は，価格が上昇しているときは多くの投資家をひきつけ株式購入（フロー）も拡大するが，下落しているときは投資家が寄り付かず投資額も減少する。株価が下落局面にあり投資家の株式購入意欲が減退している場合，株式発行そのものが見送られることもある。ストックベースでの価格変化が，フローベースの企業の資金調達に大きな影響を与える。

2　ファイナンスにおける企業金融

企業の事業活動とファイナンス

　企業金融もしくはファイナンスといった場合，２つの大きな意味がある。１つ目は企業の資金調達・資金管理という意味である。２つ目はコーポレート・ファイナンスという側面である。コーポレート・ファイナンスについては次節で説明することとし，本節ではまず第１の企業の資金調達という意味での企業金融，ファイナンスについて見ていこう。

　通常，企業は原材料を仕入れ商品を生産してから，それらを販売して収益を上げる。つまり企業の資金の流れとしては，支出が先にあり，その後商品を販売し代金が回収される。こうした日々の事業活動に伴う支払から回収までの期間をつなぐ短期資金が必要になる。こうした資金を運転資金という。運転資金

は銀行からの短期借入や買掛金のような企業間信用によって賄われる（第2章参照）。新規事業を立ち上げる，もしくは売上が伸びて成長している企業ほど原材料の仕入れや雇用が拡大するために，先に支払わなければいけない金額が増加し，運転資金が不足するケースが見られる。

　運転資金に対する需要は，企業の業種や規模によって異なる。スーパーなどの小売業の場合，日々顧客から現金を即座に受け取れるので一般的に運転資金に対する需要は少なくなる。他方，製造業では原材料を仕入れてから，生産・販売・代金の回収までの時間が長いためにより長期間の運転資金が必要になる。また企業規模が大きくなればなるほど，運転資金に対する需要も拡大する。

　また企業は，設備投資や研究開発，M&A（買収）など様々な活動を行っている。設備投資は一度に大規模な資金が，しかも長期間にわたって必要とされるケースが多い。工場に新しい機械を導入する場合は，計画の策定・機械の見積もりや発注に一定の時間がかかり，さらに機械そのものが注文生産のような特殊なものの場合，発注してから機械が完成し工場に納入・設置されるまでさらに時間がかかる。また耐用年数が長い高価な機械であればあるほど，購入代金全額を回収するまでに長い時間がかかる。

　研究開発を行う場合も，資金繰りが重要になる。研究開発は，実際には開発を行う研究者を雇用する場合の人件費や開発に使用する機械・材料などの購入といった支出を伴うが，それが売上の拡大に結び付くか否かは不明な点が多くリスクが高い。しかし研究開発を行わなければ，企業の長期的な発展を維持することが困難な業種も多数存在する。製薬会社やソフトウェア企業，自動車メーカーなど年間，数億円から1兆円超の研究開発費を負担している企業もある。

　M&A（企業買収）も資金調達が決定的に重要な役割を担っている。M&Aは，他企業の株式を買い占めることで経営の支配権を獲得しようとするものである。そのためM&Aでは，株式の購入資金として一度に多額の資金が必要になる。ソフトバンクは2006年にボーダフォン日本法人を1兆7000億円で買収したが，その大半（1兆3000億円）を銀行団からの協調融資によって調達した。銀行団の融資がなければ，この買収は困難であったと言える。実際，敵対的買収などで買収先の株価が高騰し，買収のための資金繰りがつかずに買収そのものを中止する例もある。資金調達の成否がM&Aの鍵を握っている。

　このように企業の活動を見ていくと，事業活動を継続していくためには資金の流れを適切に管理していくことが重要であることが分かる。取引先に代金を支払う，従業員に給与を支払うといった基本的なことが企業の活動を支えている。万が一，取引先に代金を支払うことができない事態が発生すると，会社としての信用を失い事業を継続することが難しくなる。会社の資金繰りを安定させることが経営上の課題となっており，企業金融とはこうした問題を考える際の枠組みを提供するものである。

企業財務とファイナンス

　企業金融では，これまで述べてきたフローベースでの資金繰りだけでなく，近年ストックでの時価評価とそれに伴う資金調達も重要な課題となっている。時価評価とは，企業が保有する資産をその時点での市場価格で評価することを意味している。たとえば企業が，従業員に対して支払う将来の退職金のために株式で積み立てていたとする。株価が下落すると退職金の支払に支障が出ることが予想される。退職金の積立不足を解消するために社債を発行するなど外部から資金を調達することもある。たとえば日産自動車は，退職金積立不足に対応するために2005年に社債を発行し，1500億円を調達している。

　また近年，企業買収が増加しており，買収した子会社株式の価値評価が業績に大きな影響を与えるようになった。過去に買収し子会社化した会社がその後も利益を出せずに，子会社株式の評価損が発生するケースも多い。たとえば1億円で買収した企業の価値が7000万円に下落し，3000万円の評価損が発生する，といった例である。ただこの場合，7000万円に価値が下落したとしても，この時点で新たに資金の支払が発生するわけではない。既に過去に支払った投資を時価評価し評価損が発生しているだけであるために，この時点で新たに外部から資金を調達する必要があるわけではない。

企業の資金余剰主体への転換とファイナンス

　前節で見た通り，2000年以降日本の企業（民間非金融法人）はほぼ一貫して資金余剰主体となっている。資金循環統計において資金余剰主体となることは，金融資産取得額が資金調達額を上回っていることを意味している。注意しなければならないのは，企業が資金余剰主体となったからといって外部からの資金

調達が不要になったわけではない点である。なぜなら企業の資金需要を考えるときには，代金の支払と受取のタイミングのずれ，すなわちその時間差やそれぞれの資金の性格が様々に異なるからである。

　次のようなケースを考えてみよう。多くの企業で 6 月には従業員にボーナスが支払われる。ある企業が，ボーナスの支払のために銀行から2000万円を 3 ヵ月間借り入れた。 8 月には売掛金3000万円が回収できたので，それで銀行借入を返済した。返済して余った資金を銀行の定期預金に預けたとする。このケースでは企業は定期預金に預けた金額分だけ資金余剰となっているが，ボーナスの支払と売掛金の回収の時期がずれているので，その間の運転資金を銀行から調達している。このように，企業として資金余剰主体であったとしても，資金の支払と受取に時間差があるために外部からの資金調達が必要になる。通常，企業はこうした月々の資金の出入りを資金繰り表として計算し，資金の不足が起こらないように管理している。

　また前掲図 1 - 2 の資金循環統計は，民間非金融法人企業が全体として資金余剰になっていることを意味している。すなわちこの中には年間ベースで資金余剰となっている企業もあれば，資金不足となっている企業もある。創業間もない企業や急速に成長する企業は，従業員への給与や取引先への代金支払いが先行し，外部からの資金調達が必要になり，資金不足となっている場合が多い。しかし大企業の中には，豊富な内部資金を保持し設備投資をその範囲内で行っている企業も多数存在している。資金循環統計では，それらを統合して全体として資金余剰になっていることを意味するにすぎない。

　しかしながら上記の注意点を踏まえた上でもなお民間非金融法人が全体として2000年代以降，資金余剰主体に転換したことは重要な意味を持つ。歴史的に見た場合，1990年代まで全体として資金不足であった民間非金融法人が2000年代以降資金余剰に転じたことは日本経済の転換点を示唆しているとも言える。1970年代までの高度成長期，1980年代のバブル景気において設備投資・不動産投資を積極的に行っていた企業が1990年代以降，借入を返済し，投資を内部資金の範囲で行うようになった。一部大企業の「銀行離れ」などにそうした特徴が表れている（第 2 章参照）。

3　コーポレート・ファイナンス

コーポレート・ファイナンスとは

　企業金融もしくはファイナンスというと，2つの意味がある。1つ目は前節で説明した企業の資金調達という意味である。ここでは2つ目のコーポレート・ファイナンスについて見ていこう。

　コーポレート・ファイナンスはアメリカで生まれた学問であり，近年急速に日本でも広がっている。これはアメリカ型の株主や投資家を重視する考え方が基本となっている。その詳しい内容については第10章に譲るが，ここではその基本的な考え方となぜそうした学問が日本でも普及することになったのか，その歴史的背景について説明する。

　コーポレート・ファイナンスでは様々なテーマが取り上げられているが，なかでも企業の投資決定に関する議論が特徴的である。たとえば以下のような投資案件（プロジェクトM）があったとする。プロジェクトMを実行するにあたって現時点において100万円の投資資金の支出が必要である。投資を実行すれば1年後にその見返りとして101万円が入手できる見込みである。企業はこの投資を実行すべきだろうか。コーポレート・ファイナンスでは金利が1％未満の場合はこの投資は実行すべきであるが，金利が1％超の場合は実行すべきではない，という結論になる。

　金利（正確には資本コスト）が1％未満の場合は，100万円を預金するより上記投資案件に投資したほうがより高い収益を得られるが，1％超の場合は預金したほうが良いと考える。100万円をプロジェクトMに投資しても101万円にしかならないが，たとえば金利が2％の場合は預金すると102万円になるためである。コーポレート・ファイナンスでは企業の投資も株主の利益に沿ったものでなければならず，実物投資も含めた企業の投資全般が金融市場における収益率を上回ることができなければ，その投資を実行すべきではない，という結論になる。株主をはじめとする投資家の利害を強く反映した学問であり，投資家の立場から企業の投資の可否を判断する。

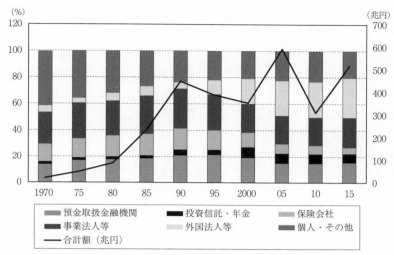

図 1 − 3　上場株式の投資部門別保有割合
出所：東京証券取引所「株式分布状況調査」。

株式持合い構造の変化

　コーポレート・ファイナンスはアメリカ生まれの学問であるが，近年日本で
も多くのテキストが出版され，大学で講義されている。こうした変化の背景に
は日本における株主・投資家の地位の強化がある。

　図 1 − 3 は上場企業の普通株式の投資部門別保有比率を表している。これを
見ると1970〜90年にかけて銀行などの預金取扱金融機関と事業法人が保有比率
を増しており，両者を合計すると全体の40〜50％を占めていることが分かる。
しかし1990年代以降，事業法人や保険会社・預金取扱金融機関の持株比率は低
下し，代わって外国が増加している。こうした株主構成の変化は，日本企業の
ガバナンスに大きな影響を与えた。

　1980年代までの日本企業は安定株主工作としての「株式の持ち合い」を行っ
ていた。株式市場での外部からの株の買い占めと企業の乗っ取りを防ぐために，
旧財閥（三井・三菱・住友・安田）企業を中心にグループ内で相互に株式を持ち
合っていた。お互いに株式を持ち合うことで外部企業による企業買収を阻止し
ていた。しかし1990年代に入るとバブルが崩壊し，持ち合っていた株式の価格
が暴落するようになる。2001年には会計基準が変更され，保有株式を取得時の

簿価ではなく時価で評価するようになり，持合い株による損失が膨らんだ。こうして徐々に日本企業の株式持ち合いが解消していったのである。

　入れ替わるように株式保有を増加させたのは外国投資家である。とくに外国の機関投資家（年金・保険など）が持株を拡大することで，企業経営における株主や投資家の発言力が急速に高まった。日本におけるコーポレート・ファイナンスの普及もこうした変化を反映したものである。

ガバナンスとファイナンス

　株式の所有者構造が変化することで日本企業のガバナンスも大きく影響を受けた。株主・投資家の企業経営における発言力が増している。それは様々な局面に表れている。

　1つは事業の「選択と集中」である。1990年代以降，バブル崩壊後の構造不況に直面した企業は事業の選択と集中に迫られる。赤字はもとより黒字であったとしても低い収益率に甘んじている事業からは撤退するべきである，という株主からの提案が出るようになる。

　また企業内における財務部と CFO（最高財務責任者）の役割の拡大や自社株買いの増大，アメリカ発祥のコーポレート・ファイナンスの普及などいずれも，株主構造の変化と投資家の力の増大を反映したものと捉えられる。このように現在は株主の立場が強化されているが，企業の活動には従業員・顧客・経営者・取引先さらには地域社会など様々な人々が関わっている。こうした多くの人々や社会との共生がより重要な課題となっている（第 5 章参照）。

　金融機関や金融市場は，家計や企業・政府・海外の各経済主体で発生する資金余剰・資金不足を資金仲介することで，経済の発展に寄与してきた。銀行や証券会社，保険会社といった金融機関やその他金融システムが機能しなければ，家計や企業は自ら保有する資金の範囲内でしか消費・投資できず，経済発展が著しく制限されることになる。金融が経済社会に及ぼす影響の大きさは，リーマン・ショックなどのような金融市場の混乱が引き起こしたその後の事態を観察しても明らかである。

　中央銀行によるマイナス金利政策やフィンテック分野における IT 企業との競争など日本の金融機関が直面する課題は多い。そうした最新の課題に向き合

う場合も，基本を理解していることが重要である。第2章以降では，さらに銀行や証券市場などを含めた様々なファイナンスの問題について掘り下げていこう。

参考文献

丑山優・熊谷重勝・小林康弘編著『金融ヘゲモニーとコーポレート・ガバナンス』税務経理協会，2005年。
奥村宏『会社本位主義は崩れるか』岩波書店（岩波新書），1992年。
川波洋一・上川孝夫編『現代金融論［新版］』有斐閣，2016年。
島村高嘉・中島真志『金融読本［第31版］』東洋経済新報社，2020年。
代田純『誰でもわかる金融論』学文社，2016年。
中島真志『入門　企業金融論』東洋経済新報社，2015年。

さらに読み進めたい人のために

（金融全般）
代田純『誰でもわかる金融論』学文社，2016年。
　＊コンパクトサイズでどこでも持ち歩ける手軽さである。金融の仕組みについて学ぶ初学者向けのテキスト。
島村高嘉・中島真志『金融読本［第31版］』東洋経済新報社，2020年。
　＊金融の現状，制度，歴史から最近の動向までバランスよく全体的に網羅している。数式などを使わずに分かりやすく記述されている。
（企業の資金調達）
中島真志『入門　企業金融論』東洋経済新報社，2015年。
　＊企業の資金調達について具体的に分かりやすく説明している。企業がどのような資金を必要とし，それをどのような手段で調達しているのか，について解説している。
（コーポレート・ファイナンスへの傾斜と株主構造の変化）
丑山優・熊谷重勝・小林康弘編著『金融ヘゲモニーとコーポレート・ガバナンス』税務経理協会，2005年。
　＊日本を含めた世界的な傾向として株主・投資家の発言力の拡大とそれによる問題点について，様々な角度から議論している。

（小西宏美）

第2章
企業財務とファイナンス
——財務諸表で資金需要を読む——

---- Short Story ----

　ミネオ君は大学3年生。大学に入学後，テニス部の活動に忙しく，今まで勉強は
あまり真剣には取り組んできませんでした。しかし，キャリアセンター主催のイン
ターンシップ説明会に出席し，3年生向けの夏休み中に開催されるインターンシッ
プについて説明を聞きました。

　インターンシップ説明会では，銀行の人事部の方が直接説明に来てくれました。
銀行の人事部の方が，「銀行の基本業務は，預金を受け入れ，貸出をすることです。
貸出には，個人向けと法人向けがあります。個人向け貸出は，給与の源泉徴収票や
所得税の確定申告書で審査します。他方，法人（企業）向け貸出は，財務諸表や法
人税の確定申告書で審査します。インターンシップを希望される方は，夏休みまで
に，財務諸表の基本的仕組みを理解しておいてください」と話していました。

　ミネオ君は，テニス部で同期のユリコさんに，インターンシップ説明会での銀行
人事部によるプレゼンテーションについて話し，財務諸表の勉強方法について聞き
ました。ユリコさんは，税理士資格をとろうとしていました。ユリコさんは，「税
理士試験は5科目からなり，会計学系統では簿記論と財務諸表論があるわ。財務諸
表は，損益計算書，貸借対照表，キャッシュフロー計算書からなり，企業の経営・
財務状態を示すものなの」と答えました。そこで，ミネオ君は，ユリコさんのアド
バイスに従い，財務諸表の基礎から勉強することにしました。

　本章では，財務諸表の仕組み，企業の資金需要，資金需要に基づく資金調達，すなわちファイナンスについて学ぶ。企業の財務諸表は，企業のファイナンスを見るうえでも，最も基本的で，かつ重要な資料である。企業の財務諸表を見ると，その企業の経営状態がわかり，資金需要の動向も示される。

1　財務諸表とは何か

財務三表とは何か

　財務諸表は，損益計算書（Profit and Loss Statement, PL と略される），貸借対照表（Balance Sheet, BS と略される），キャッシュフロー計算書（Statement of cash flows）の3つからなり，しばしば財務三表とも呼ばれる。損益計算書は，決算期間（通常1年，四半期決算ならば3ヵ月）における売上や費用，利益などを示す。1年間のお金の流れを示し，いわばフローの状態を示す。貸借対照表は，期首（決算期間の最初）と期末（決算期間の最後）における財産状態を示す。財産状態は，過去の企業活動の積み重ねの結果であるので，いわばストックの状態を示す。右側は資金の調達状態（お金をどうやって集めているか）を示し，左側は資金の運用状態（お金をどうやって使っているか）を表す。損益計算書は，現金以外の取引も計上するが，キャッシュフロー計算書は，現金の動きだけを表し，手形など現金以外の取引は計上しない。

　取引所に株式を上場している企業が，提出を義務づけられている書類を，有価証券報告書と呼ぶ。この有価証券報告書の主要な部分が，財務三表であり，ほとんどの企業が自社のホームページで公表している。上場企業は財務三表を公表し，財務情報をディスクロージャー（公表）している。上場企業は情報開示により，投資家にアピールすると同時に，投資家が保護されることにもなる。また，財務諸表が正しく企業実態を示しているか，検証することを監査と呼び，監査法人や公認会計士の職域となる。

　上場企業の株主において，外国人株主比率が上昇し，近年ではおおむね20％を超えている。また株式売買代金で海外投資家のシェアはやはり50％を超えている。つまり，グローバルな投資家が増えており，彼らは企業を国際比較することが不可欠になっている。グローバルな投資家は，たとえば，トヨタ自動車とドイツの VW（フォルクス・ワーゲン）を比較して投資する。この時，財務諸

表の作成基準，あるいは会計基準が国際的に統一されていないと，比較できない。現在，IFRS（International Financial Reporting Standards）と呼ばれる欧州基準と，米国基準，日本基準の調和が課題となっている。

損益計算書とは何か

損益計算書は，決算期間における売上高，費用，利益などの発生状態を示す。まず費用にも複数の種類があり，この結果，利益には5つの種類（日本の会計基準による）がある。

図2-1は，売上高と5つの利益指標を示している。まず，売上高は販売した金額であるが，損益計算書の売上高は売掛金や手形取引による販売を含んでいる。売掛金は，取引先に自社の商品を納品したものの，後から支払を受けるもの（未収金）を指す。また手形取引は後述するが（第11章参照），商品を納品し，手形（通常，1週間〜3ヵ月後に支払うことを約束した証書）を受け取り，後日，預金振込で決済される。いずれも，現金決済されていないが，決算期間に納品されていれば，売上高に計上される。

売上高から売上原価を引いたものを売上総利益（または粗利，あらり）と呼ぶ。売上原価は，製造原価などの原材料費（パンメーカーなら小麦粉等）や，製造現場である工場などでの人件費（工場で働く人の給料等）からなる。売上総利益は，売上高から基本的な原価を引いたものであり，基礎となる利益指標である。

ついで販売費および一般管理費は，販売部門や本社機能に伴う費用である。つまり，企業には生産ラインの工場以外に，営業，企画や広報部門，経理や総務部門といった部署があり，こうした部署で発生する費用が販売費および一般管理費である。たとえば，広告費等のほか，これらの部署での人件費も含まれる。売上総利益から，販売費および一般管理費を差し引いたものが，営業利益となる。営業利益は，金融収支を加味する前の，本業での利益と言える。

企業は銀行からの借入金には利子を支払い，他方で銀行預金を持っていれば，利子を受け取る。また他社の株式保有をしていれば，配当を受け取る。受取配当や受取利子等が営業外収益となり，利子の支払い等は営業外費用となる。営業外収益と営業外費用を足し引きしたものが，営業外損益となる。そして，営業利益に営業外損益を加えたものが，経常利益になる。経常利益は，本業の利益である営業利益に，金融収支を加味したものであり，企業業績を見るうえで，

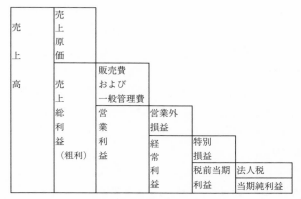

図 2 - 1　売上高と利益指標

出所：筆者作成。

最も活用される利益指標である。

　銀行等からの借入金が多い企業では，利払い額が大きくなるため，営業外費用が同収益を上回り，営業外損失となる。この結果，営業利益よりも経常利益が小さくなる。他方，トヨタ自動車をはじめとして，多くの日本企業は内部留保が潤沢にあり，巨額の銀行預金を有している。また多くの日本企業は，グループ企業の株式を保有していることで，受取配当が大きい。したがって，営業外収益が同費用を上回り，営業利益よりも経常利益が大きくなる。ただし，こうした企業は，本業である営業利益よりも，金融収支で稼いでいる。

　特別損益とは，その決算期間に特有の売却益あるいは売却損などの損益を示す。たとえば，企業が工場をリストラ（再構築）するために，工場の土地を売却した場合，土地の売却益が出る。これは，毎年発生する利益ではないので（経常的な利益ではないので），特別利益に計上される。あるいは，他社の株式を保有していて，売却したものの，購入した価格よりも低い価格で売却したため，売却損が生まれる。これは特別損失に計上される。経常利益に特別損益を加味したものが，税引前当期利益となる。

　税引前当期利益から，法人税などを差し引いたものが税引後当期利益（あるいは当期純利益，当期最終利益）となる。ここで注意する必要があることは，法人税は税引前当期利益に対し課税されるのではなく，法人税法に基づく法人の課税所得に対し課税されることである。後述するが（第9章参照），会計のルー

ルと税法のルールは別だからである。したがって，税引前当期利益が大きいからといって，法人税が大きくなり，当期最終利益が小さくなるとは限らない。企業は様々な節税技術を使い，税金を減らそうとしている。

　最終的な当期純利益は，一部が，株主への配当支払い，会社役員への賞与に充てられる。残りは，貸借対照表の資本（株主資本）に，利益準備金として繰り入れられる。損益計算書は，最後のところで，貸借対照表と結び付く。

貸借対照表とは何か

　損益計算書は1年間など決算期間における収入と支出を示していた。これに対し，貸借対照表は，財産状態の変化を示している。家計であれば，財産として，住宅や自動車を持っている。しかし通常は，自己資金だけで賄うことは難しいので，銀行等からの借入金がある。この財産が貸借対照表の資産（左側），自己資金が同じく資本（右側），銀行等からの借入金が負債（右側）となってくる。

　また同じ資産であっても，1年以内の保有であるものと，1年以上の保有であるものがある。たとえば，預金（定期預金以外）はいつでも出し入れ可能なので，1年以内の保有となる。しかし，家計でも，住宅は通常20年程度居住するので，1年以上の保有となる。前者は流動資産，後者は固定資産と呼ばれる。同様に，同じ負債であっても，1年以内に返済するものと，1年以上かけて返済するものがある。前者が流動負債，後者が固定負債と呼ばれる。

　表2-1は，貸借対照表の仕組みを示している。左側が資産であり，お金をどのように使っているか，を示す。他方，右側は負債・資本であり，お金をどのように集めているか，を示す。家計と同様に，企業の資金調達も一部は自己資金であり，これは資本となる。借入金などは負債となる。

　表2-1において，左側の資産は，流動資産と固定資産からなる。流動資産は，1年以内で保有される資産であったから，代表例は現預金である。現預金は頻繁に支出される。売掛金はすでに説明したが，商品を納品したものの，代金が未収金となっている場合である。通常，受取手形と同様に，1週間〜3ヵ月程度で代金が回収されるので，流動資産に区分される。棚卸資産とは，製造するための原材料，あるいは完成された製品の在庫等である。パンメーカーであれば，原材料として小麦粉を持つし，また完成されたパンを在庫として持つ

ともある。いずれも短期的な保有なので，流動資産となる。流動資産としての有価証券とは，企業が国債や株式を保有しているが，1年以内に売却する予定のもの等である。

固定資産は，1年以上で長期的に保有する資産である。代表例は土地である。企業は本社や工場の敷地として土地を保有している。また製造業であれば工場，および工場内で生産機械を保有する。これらはいずれも長期的に保有するので，固定資産となる。この他，

表 2-1　貸借対照表の仕組み

資　産		負債・資本	
流動資産		流動負債	
	現預金		買掛金
	売掛金		支払手形
	受取手形		CP
	棚卸資産		短期銀行借入
	有価証券	固定負債	
固定資産			長期銀行借入
			社債
	土地		引当金
	機械	純資産	利益準備金
	工場	（資本）	資本準備金
	有価証券		資本金

出所：筆者作成。

日本企業は株式の持ち合いが多い。とりわけ，親子企業間での持ち合い（NTT と NTT ドコモ等）が多いが，これらは長期的な保有なので，固定資産の有価証券となる。

以上のように，流動資産，固定資産は，お金をどう使っているか，お金でどういう財産や資産を持っているか，を示している。一方，負債・資本は，お金をどう集めているか，どう調達しているか，を示す。企業がお金をどう調達しているか，は企業のファイナンスを意味する。

流動負債は，お金を1年未満で借りていることを意味する。買掛金とは，商品（原材料等）を納品してもらったが，未払金となっていて，今後（1年以内）支払うものである。同じく，支払手形は商品を納品してもらったが，手形を振り出しており，今後取引先の預金口座へ入金するものである。企業は CP（コマーシャルペーパー）と呼ばれる短期の社債を発行することもある。ただし，日本企業は歴史的には，短期の銀行借入をしてきた。

固定負債は，お金を1年以上借りていることを意味する。銀行から1年以上借入れしている，社債（満期1年以上）を発行している，などが固定負債である。また企業は退職給与引当金など引当金を積んでいる。引当金は企業からすれば，すぐに支出しないので，資金調達になる。

純資産は，資本，あるいは株主資本とも呼ばれる。かつては自己資本とも呼ばれたが，会社は株主のもの，という観点からは株主資本となる。利益準備金

は当期純利益等が繰り入れられる。資本準備金は，企業が株式を新規に発行した際等に，繰り入れられる。資本金は，株主が払い込んだ資金を基本にしている。

キャッシュフロー計算書とは何か

　キャッシュフロー計算書は2000年から作成が開始され，財務三表のなかで，最も歴史が新しい。上場企業には作成が義務付けられているが，中小企業では義務ではない。損益計算書の売上高には，非現金取引も含まれているが，キャッシュフロー計算書は現金の増減を示している。また，財務諸表ではないが，日本企業は資金繰り表を利用することも多い。

　表2－2は，キャッシュフロー計算書の仕組みを示している。同計算書では，営業・投資・財務の企業活動に関し，キャッシュフロー（現金の流れ・出入り）を表す。営業活動によるキャッシュフローは，本業での現金増減を示す。まず，キャッシュフロー計算書の出発点は，税引前当期純利益である。当期純利益は，企業に現金として入る代表例である。次いで，減価償却費も現金の増加になる。減価償却費は費用として計上されるが，すぐに支出されないため，現金として残るから，である。

　減価償却費が現金として残る仕組みを説明する。たとえば，企業が自動車を購入した場合，耐用年数が10年であれば，おおむね購入価格の10分の1ずつを毎年，費用として計上し，積み立てることができる。そして，10年経過して自動車が老朽化した場合，積み立てた減価償却費で新しい自動車を購入できる。この10年間，企業は自動車を購入しないまま，減価償却費を現金として手元に残すことができる。

　売上債権（売掛金，受取手形等）は減少すれば，現金の増加となる。棚卸資産（在庫等）も減少すれば，現金の増加になる。貸倒引当金等の引当金も，貸倒リスクに備えて，費用として計上されるが，すぐには支出されないので，現金として残る。以上の増減を，税引前当期純利益に加え，営業活動によるキャッシュフローとなる。

　投資活動によるキャッシュフローは，企業の設備投資やM&A（企業の合併・買収）による現金増減を示す。企業が設備投資をすれば，固定資産の増加となるが，現金は減少する。また企業（海外を含む）を買収すると，その企業の株

式保有が増加するので，やはり現金は
減少する。こうした増減を合計すると，
投資活動によるキャッシュフローとな
る。

　営業活動によるキャッシュフローと
投資活動によるキャッシュフローを合
計したものが，フリーキャッシュフ
ロー（FCF，純現金収支）と呼ばれる。
営業と投資のキャッシュフローは，い
ずれも事業資金の流れであり，FCF
がプラスであれば，事業活動で現金を
生み出したことになる。FCF がプラ
スなら，借入金の返済等に使う余地が
あるし，マイナスならば外部から資金
をファイナンスする必要がある。

　財務活動によるキャッシュフローは，
企業の銀行借入や社債発行等に伴う現
金増減を示す。銀行から借入れをすれ

表2-2　キャッシュフロー計算書の仕組み

Ⅰ　営業活動によるキャッシュフロー
税金等調整前当期純利益
減価償却費
売上債権の増減額
棚卸資産の増減額
貸倒引当金の増減額
営業活動によるキャッシュフロー合計
Ⅱ　投資活動によるキャッシュフロー
固定資産の増減額
有価証券の増減額
投資活動によるキャッシュフロー合計
Ⅲ　財務活動によるキャッシュフロー
短期借入金の増減額
長期借入金の増減額
社債発行の収入
社債償還の支出
自社株購入
財務活動によるキャッシュフロー合計
現金等の増減額
現金等の期首残高
現金等の期末残高

出所：筆者作成。

ば現金は増加し，返済すれば現金は減少する。社債を発行すれば，現金は増加
し，償還すれば，現金は減少する。また自社株買い（購入）をすれば，現金は
減少する。こうした企業の財務（金融）に関わる現金の増減を合計すると，財
務活動によるキャッシュフローとなる。

　営業・投資・財務のキャッシュフロー増減を合計し，現金等の増減額が分か
る。それは，期首残高と期末残高の差額に等しい。なお，第2章でのフリー
キャッシュフローは実績値に基づく計算方法であり，第10章でのフリーキャッ
シュフローは予測値に基づく計算方法である。キャッシュフローはアメリカで
重視される傾向にあり，債務超過（資本がマイナス）であっても，キャッシュフ
ローが潤沢であることで，社債等が発行されるケースもある。こうした社債の
デフォルト（元利払いが停止）・リスクが高いことは明らかである。BS や PL
と合わせた企業分析が必要である。

2　企業の資金需要

　企業の資金需要は，大きく分けて，短期の資金需要と長期の資金需要がある。資金需要の期間（短期，長期）によって，資金調達（ファイナンス）の期間も決まってくる。したがって，まず，企業の資金需要を見る必要がある。

短期の資金需要

　企業の短期的（1年未満）な資金需要は運転資金と呼ばれる。売上高は常に現金収入というわけではないので，一時的に資金が必要になる。

　具体的には，原材料を仕入れる，従業員の給与を支払う，製品在庫を抱える，といった要因で，資金が必要になる。こうした運転資金の需要は，企業の手元の現金・預金（手元流動性）によって影響される。企業の手元流動性に影響する要因は，現金取引以外の売上債権等の規模である。売上債権とは，売掛金や受取手形などで，取引先に商品を納品したのに，まだ現金・預金を受け取っていない（決済されていない）ものである。簡単に言えば，ツケを認めた状態であり，これが増加すると，現金が不足し，資金需要が増加する。また原材料や製品在庫など棚卸資産の増加も，現金化されていないので，資金需要を増加させる。逆に，企業が自ら，商品を購入したのに買掛金や支払手形で応じていれば，現金は節約できるので資金需要は減少する。

　企業が短期の資金需要を持った場合，手形の裏書，手形の割引，銀行からの短期借入等の手段がある。手形は，一定期間後に，相手の銀行口座に振込を約束した証書である（第11章参照）。保有する手形の裏に署名・捺印すると（支払について連帯保証人になる），受け取った手形をさらに一時的な支払に使える。これを手形の裏書と呼ぶ。また保有する手形を銀行に持ち込んで，利子を差し引いて，現金化することができる。これを手形割引と呼ぶ。さらに企業は銀行から短期の借入をすることもできる。

　最近は，大企業は短期の資金需要がある場合，CP（コマーシャルペーパー）を発行することが多い。CPは短期の社債であり，総合商社やリース会社など短期の資金需要が多い業態を中心に発行されている。

長期の資金需要

　企業の長期的（1年以上）な資金需要は，設備資金となる。製造業の企業が，増産しようとして，新規に工場を建設する，機械を購入する等は，設備投資となる。BS の左側で固定資産が増加するので，右側の負債か，資本が増加する必要がある。工場や機械は1年以上にわたり使用されるので，長期の資金需要となる。なお，工場など建物や機械には耐用年数（使用できる期間）が決められていて，減価償却の対象となるが，土地は永久に使用可能であるから，減価償却の対象にならない。とはいえ，企業の設備投資は，土地購入も含む。

　また，最近の日本企業は，海外企業を買収することで，海外直接投資することが多い。企業が海外に進出する場合，ゼロから企業を設立するよりも，現地の企業を買収したほうが迅速である。海外で企業を買収した場合，投下資金は長期にわたるので，買収資金は長期の資金需要となる。

　最近の日本の大企業は，設備投資を内部資金（BS では資本）で賄うことが多い。当期純利益の内部留保や減価償却費などである。しかし，内部資金では不足する場合，外部からの資金調達となる。歴史的には，日本は間接金融中心だったので，銀行からの長期借入が中心であった。しかし現在は，普通社債の発行のほか，株式発行も増えている。また両者の中間形態として，転換社債（株式に転換できる社債），ワラント債（新株引受権付社債，新しい株式が発行される場合，優先的に引受できる権利がついた社債）も普及している。

3　企業の資金調達とファイナンス

　企業に資金需要がある場合，まず企業は内部資金で賄おうとする。しかし，内部資金で不足する場合，外部資金を調達する。短期であれば，銀行から短期借入する，コマーシャルペーパーを発行するといった手段がある。他方，長期であれば，銀行から長期借入する，普通社債を発行する，株式を発行する，転換社債やワラント債を発行するといった手段がある。また近年では，資産を活用したアセット・ファイナンスという手段も注目されている。

内部資金

　企業は資金需要があると，まず内部資金で対応しようとする。これは自己金

融とも呼ばれる。近年，日本企業は内部留保を増加させており，自己金融が強まっている。

　PL について説明したように，企業は，税引後の当期純利益から株主への配当，役員賞与を支払い，残りの利益を資本に繰り入れる。資本のなかには，利益準備金と呼ばれる部分があり，残りの利益は利益準備金に繰り入れられる。利益準備金の増加は，BS で見ると，右側の資金調達になるので，左側の資金運用が可能になる。この時，固定資産の増加になれば，設備投資になる。設備投資という資金需要を，利益という内部資金で賄ったことになる。

　日本企業は内部留保を強めていると言われる。企業は，利益の資本繰り入れを増加させている。これは BS では，右側の増加である。では，左側の資金運用では，どうなっているのか。2 つの特徴がある。第 1 には，投資有価証券の増加である。投資有価証券は，固定資産に属し，1 年以上保有する有価証券である。この投資有価証券の増加は，海外直接投資による海外子会社の株式保有増加と見られる。日本企業は，海外においては設備投資を増加させている。第 2 には，現預金の増加である。企業はリーマン・ショックで資金不足に直面したため，手元の現預金を増やしてきた。ただし，現預金の増加はお金を遊ばせているとも考えられ，外国人株主からは批判されやすい。そこで企業は自社株買いや配当の増加で，外国人株主の批判をかわそうとしている。

　企業は，工場や機械といった固定資産について，減価償却費を計上する。PL の費用のなかには，減価償却費がある。製造部門であれば製造原価に，販売部門であれば販売費および一般管理費に含まれる。積み立てた減価償却費で設備を購入すれば，これも設備投資になる。

　また企業は従業員の退職に備え，退職給与引当金を積み立てている。従業員が同時に多数退職すると，企業は退職金を支払えないリスクがある。そこで，企業は退職給与引当金を積み立てている。BS に関して，退職給与引当金を負債として説明した。企業は退職給与引当金で資金調達しているが，将来，従業員に支払うので，負債に計上される。企業は退職給与引当金を積み立てているが，すぐには支出されない。したがって，企業は退職給与引当金の一部で設備投資等に回すことができる。

　法人税では，減価償却費や退職給与引当金を，一定の範囲で非課税としてきた。非課税となるお金を損金と呼ぶが，減価償却費や退職給与引当金は損金と

されてきた。また第9章で説明するように，租税特別措置によって，減価償却
費には上乗せも認められてきた。したがって，企業にとって減価償却費や退職
給与引当金は，重要なファイナンス手段となってきた。

　内部資金は，企業自身の資金であるから，長期であるか短期であるかに関わ
りなく使用することができる。また借入金には金利を支払わねばならないが，
内部資金には支払うコストは直接的にはない。こうした点でも，内部資金はメ
リットを持っている。

短期の外部資金

　日本企業が短期の外部資金をファイナンス（資金調達）する場合，歴史的に
は銀行借入が中心であった。日本では資本主義の発達が遅く（後発資本主義），
貯蓄形成もなかったため，証券市場で企業がファイナンスすることは1970年代
まで制約されていた。このため，日本企業の資金調達は，銀行借入が中心で
あった。しかも，銀行システムも政府系銀行が中心であった。

　日本では，かつて「長短分離規制」と呼ばれた金融規制があり，短期の貸出
をする銀行と長期の貸出をする銀行が区分されていた。前者は，今日，メガバ
ンク（都市銀行とも呼ばれる）や地方銀行と呼ばれている銀行である。他方で，
長期信用銀行，信託銀行，公的銀行（現在の日本政策投資銀行等）は，後者の銀
行である。都市銀行や地方銀行は，企業向けに短期の貸出を行ってきた。原則
として，都市銀行や地方銀行は，企業向けに長期の貸出をすることはできな
かった。

　日本における銀行借入は歴史的には担保付（有担保）であった。銀行は確定
債務（必ず返済しなければならない）として預金を受け入れている。したがって，
貸出が回収不能となったら，預金を毀損させるリスクがある。このリスクに備
えるため，銀行は貸出すると担保をとり，回収不能となった場合には担保を売
却して貸出を回収してきた。

　担保には物的担保と人的担保がある。物的担保は，土地などの不動産，有価
証券（株式，国債等），預金などが中心であった。とりわけ土地は第2次大戦後
から1990年代まで価格が低下したことがなかったため，担保として重視されて
きた。人的担保とは保証人である。企業が借入した場合，第三者が連帯保証人
となると，第三者も個人財産を含み，債務返済に責任を負うてきた。

　しかし，近年では有担保から，無担保に変化している。この変化の主因は，1990年代以降，地価が下落し，担保としての価値が低下したことである。この影響で，担保自体への信頼が揺らぎ，無担保での貸出が増加している。また，シンジケート・ローンと呼ばれる貸出が増加していることもある。シンジケート・ローンでは，複数の銀行が，協調融資団（シンジケート）をつくり，同一の融資条件で貸し出す。シンジケート・ローンでは担保ではなく，企業業績が重視される。財務指標が一定の水準に達しないと，貸し出されない。これらの要因から，無担保の貸出が増加している。

　大企業を中心に，短期の資金需要に，CP（コマーシャルペーパー）を発行するといった手段がある。CP とは，短期の社債である。銀行等からクレジット・ライン（上限額）が与えられ，クレジット・ライン以内ならば，企業は CP を発行し，機動的に引き受けてもらえる。

長期の外部資金

　企業は，長期の資金需要には，長期の銀行借入の他，普通社債を発行する，株式を発行する，また中間的な方法として，転換社債やワラント債を発行する，といった手段がある。

　現在は，都市銀行や地方銀行でも，長期で貸出している。企業は，資金余剰になっていることが多く，銀行は貸出難となっている。このため，一定の企業であれば，銀行から借り入れることは困難ではない。図 2 - 2 は，非金融法人（一般企業）の資金過不足と金融機関からの借入額を示している。1998年までは資金不足であったが，1999年以降資金余剰となった。これに伴い，借入額が減少してきた。ただし，2013年以降，借入額が増加してきたが，海外企業の買収が増加したことも一因である。

　銀行借入と同様に，負債による資金調達が普通社債の発行である。ただし，証券形態での調達となる。普通社債は通常，満期が 3 〜 5 年物が多く，長期の資金調達となる。かつて日本では，特定の企業しか社債を発行できなかった。特定の企業とは，電力会社や NTT などである。電力会社や NTT などは，自己資本額も大きかったため，社債がデフォルト（元利払いが不可能になること）するリスクが低い，と考えられてきた。他方で，通常の企業は社債を発行できなかった。

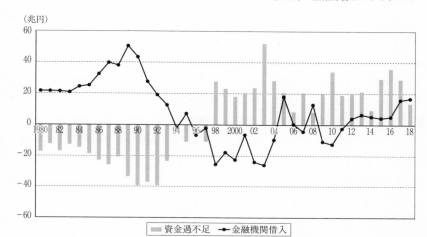

（兆円）

図2-2　非金融法人の資金過不足と金融機関借入
出所：日本銀行，資金循環統計から作成。

　しかし，1990年代以降，株価が低迷すると，企業の普通社債発行に対する需要が強まった。これを契機として，一般企業の普通社債発行に関わる規制が緩和された。このため，一般企業による普通社債発行額は増加してきた。ただし，今日でも，普通社債の3割程度は電力債であり，電力自由化の影響から，電力債発行が減ったため，普通社債の発行額も伸び悩んでいる。

　銀行借入と社債が負債による調達であるのに対し，株式発行は資本による調達である。株式発行は増資とも呼ばれる。かつては額面（株券に書いてある金額）発行であったが，今は時価発行となっている。

　社債と株式の中間形態での証券発行が，転換社債やワラント債の発行である。転換社債は，当初，社債として発行されるが，一定の価格（転換価格）を株価が超えると，投資家は社債を株式に転換できる。ワラント債は新株引受権付社債であり，普通社債として発行されるが，企業が新株を発行する場合，優先的に株式を引受できる。これらはいずれも，株価が上昇している時には人気化するが，株価が低迷していると発行できない。

アセット・ファイナンス
　借入金，社債，株式は，いずれも BS の右側（調達）を活用したファイナン

スである。これに対し，BS の左側（運用）を活用したファイナンスが，アセット・ファイナンスである。アセット・ファイナンスは，資産の証券化とも呼ばれる。

　企業がなんらかの資産を保有しているとしよう。その資産を別会社（特別目的事業体，SPV）に移す（企業は売却し，資金を調達する）。別会社は，その資産を裏付けとして，証券を発行し，投資家に販売する。資産が証券化される。

　以上の企業が銀行であれば，企業の資産は貸出債権となる。銀行は住宅ローンなど多様な貸出をしており，BS の左側に資産として貸出債権を有している。銀行が貸出債権を SPV に売却すれば，銀行は資金を調達できる。SPV は貸出債権を裏付けとして，債券を発行し，投資家に販売する。SPV は債券を投資家に販売することで，その代金を銀行への貸出債権購入資金とする。もともと，貸出債権は住宅ローン等であるから，利払い（キャッシュフロー）が発生している。このキャッシュフローがあるので，SPV が発行する債券についても利払いが可能になる。

　逆に言うと，もともとの住宅ローンの利払いが延滞すると，SPV が発行する証券の利払いも延滞する。このリスクが顕在化したのが，リーマン・ショックであった。アメリカの銀行は，サブプライム・ローンで住宅ローンを，信用力が低い低所得者に貸し出していた。銀行は高所得者には，プライムレート（リスクが低いので，金利も低い）で貸すが，信用力が低い低所得者には，サブプライムレート（リスクが高いので，金利も高い）で貸す。サブプライムレートで貸すローンが，サブプライム・ローンである。アメリカの銀行は，サブプライム・ローンという貸出債権を SPV に売却し，SPV はサブプライム・ローンを裏付けに証券を発行していた。しかし，サブプライム・ローンを借りていた低所得者が，元利払いを延滞させ，証券化された債券の利払いも延滞した。サブプライム・ローンの証券化商品を保有していたアメリカの大手金融機関（リーマン・ブラザース等）の破綻と倒産が発生し，リーマン・ショックとなった。しかし，リーマン・ショック以降も，アセット・ファイナンスと資産証券化の手法は活用されている。

　本章では，財務諸表の仕組み，企業の資金需要，資金需要に基づく資金調達について学んだ。企業の資金需要も，財務諸表を見ることで，おおむねの動向

は理解でき，予測することも可能である。銀行の貸出担当者や，証券会社の引受担当者は，企業の資金需要を分析するために，まず，財務諸表を利用している。

参考文献

小栗崇資・森田佳宏・石川祐二・北口りえ『スタートガイド　会計学』中央経済社，
　　2017年。
二上季代司・代田純編著『証券市場論』有斐閣，2011年。

さらに読み進めたい人のために

二上季代司・代田純編著『証券市場論』有斐閣，2011年。
　＊証券市場に関し，理論的枠組みを踏まえた，中級者向けテキスト。
小栗崇資・森田佳宏・石川祐二・北口りえ『スタートガイド　会計学』中央経済社，
　　2017年。
　＊会計学の入門書であるテキスト。
代田純『新版　図説　やさしい金融財政』丸善，2009年。
　＊金融や財政の基本を初心者向けに解説している。
代田純『誰でもわかる金融論』学文社，2016年。
　＊金融および証券について，1年生向けに分かりやすく書かれたテキスト。

（代田　純）

第3章
企業と銀行
――新時代の銀行像を描き求めて――

Short Story

　大学生活に慣れてきたミネオ君は，アルバイトを始めることにしました。アルバイト先から，アルバイト代を振り込むために預金口座を開設してほしいと言われました。預金口座を開設する銀行は，自由に選んでよいそうです。アルバイト代を現金でもらえないことは知っていましたが，どの銀行に口座を開設したらよいのか分かりません。そこでミネオ君は，具体的にどのような銀行があるのか調べました。

　いろいろと調べていくうちに，信用金庫などでも預金口座を作れることや，預金口座の開設や各種取引を簡単なスマートフォン（スマホ）の操作だけでできる銀行があることが分かりました。また，普通預金のほかにも，様々な種類の預金があることが分かりました。どの銀行の預金が，いちばん多く利子をもらえるのだろうか。ミネオ君は，銀行や預金の種類，銀行と企業の関係に興味をもち，自分で調べてみようと思いました。

　本章では，企業と銀行について学ぶ。まず，金融機関について学ぶ。銀行は金融機関に分類されるが，銀行以外の金融機関もある。金融機関を大きく2つに区分し，銀行と銀行以外の金融機関との違いも踏まえつつ，金融機関と家計や企業との関係を説明する。次に，銀行の業務について学ぶ。固有業務について確認した後，付随業務について確認する。最後に，銀行の種類について学ぶ。銀行には様々な種類があり，古くから続いているものもあれば，歴史の途中でなくなったもの，技術の発展により新しく登場したものもある。様々な種類の銀行について全体的に学ぶ。

1　企業金融と金融機関

　企業の目的は，利益を追求することである。その目的を達成するため，企業は経営資源（ヒト・モノ・カネ）を投下する。カネとは資金のことであるが，世の中には資金を必要とする主体（資金不足主体）と資金が余剰となっている主体（資金余剰主体）が存在する。資金余剰主体から資金不足主体へ資金が融通されることが，まさに金融である。そして，金融を仲介する機関が金融機関である。金融機関の代表例は銀行であるが，その他にも保険会社や証券会社などが挙げられる。金融機関の区分はいくつかの観点から可能であるが，ここでは(1)債務証書を発行するかしないか，(2)信用創造をするかしないか，で区分し，それぞれについて説明する。

債務証書を発行するかしないか

　債務証書とは，ある主体が別の主体に対して債務を負っていることを証明する書類や文書のことである。銀行に預金した場合，預金者は銀行に対して預金という債権をもつ一方で，銀行は預金者に対して預金という債務を負うことになる。預金残高はその大きさを示しており，預金者の預金通帳に印字されている。この預金通帳は，銀行が預金者に対してある金額の預金という債務を負っていることを証明するもの，すなわち債務証書である。

　保険に加入する場合も同様である。生命保険（生保）であれ損害保険（損保）であれ，加入者は保険会社に対して保険料を支払う（第6章参照）。保険会社は，加入者が支払った保険料を債務として受け入れ，債務証書としての保険証書を

発行する。

　銀行や保険会社のように債務証書を発行する金融機関がある一方で，証券会社のように債務証書を発行しない金融機関もある。ある投資家が証券会社を通じて株式や債券などの有価証券を売買するという金融取引を行う場合，証券会社はその金融取引の仲介を行っただけであり，その投資家に対しなんらかの債務を負ったわけではない。証券会社にとっての資金調達ではないため，証券会社の貸借対照表に表れず，債務証書も発行されない。

信用創造をするかしないか

　信用創造とは，銀行が貸出先の預金口座の残高を増加させることによって貸出を行うことをいう。銀行が貸出先に100万円の貸出を行う場合，その貸出は100万円の現金を手渡すことで行われるのではなく，貸出先が銀行に保有する預金口座に入金（実際には単なる記帳）することで実行される。100万円の貸出（銀行にとっての債権）が増加すると同時に，100万の預金（銀行にとっての債務）が生み出される。

　銀行も保険会社も企業に対し貸出を行う金融機関であるが，両者の貸出の仕組みは異なる。保険会社には預金口座が存在しないため，銀行と同じ方法で家計や企業などに対し貸出を実行することはできない。銀行は信用創造する（できる）金融機関であり，保険会社や証券会社は信用創造をしない（できない）金融機関である。ただし，銀行は無限に貸出を増加させることができるというわけではない。準備預金制度の存在がその理由であり，これは，銀行などの金融機関に対し，預金等の一定割合以上の金額を支払い準備として中央銀行に預けることを義務づける制度のことである。

2　銀行の基本業務

　銀行の基本業務には，固有業務と付随業務がある。固有業務は，銀行法第10条第1項で「預金又は定期積金等の受入れ」「資金の貸付け又は手形の割引」「為替取引」と規定されている。簡単に言うと，「預金・貸出・為替（決済）」が銀行の固有業務である。付随業務は，同法第10条第2項で規定されている。以下では，まず固有業務について説明し，続いて付随業務について説明する。

預金業務

預金の種類は，流動性預金（流動性については序章参照）と定期性預金の2つに大きく分類できる。

流動性預金とは，預金者の要求に応じて銀行の窓口やATMなどでただちに現金を引き出すことができる預金のことであり，その特徴から要求払い預金とも呼ばれる。流動性預金には，当座預金，普通預金，貯蓄預金，通知預金，納税準備預金が該当する。これらのうち，当座預金（決済専用で利子が付かない）と普通預金は決済手段として利用されることから決済性預金とも呼ばれる。

定期性預金とは，原則として預入から一定期間（1ヵ月から10年まで）は引き出すことができない預金のことである。定期預金や定期積金，定額貯金などが該当する。引き出しに制限があるため普通預金よりも金利は高く，引き出すことができない期間が長い定期預金ほど金利はより高くなる。また，一定額以上の預金の場合，金利はより高くなる。銀行の側からみれば，預金額が大きいほどより安定した資金となり，そのような資金を確保するためには，より高い金利を支払う必要がある。

その他の預金として，外貨預金と譲渡性預金などが挙げられる。外貨預金とは，ドルやユーロなど外国の通貨での預金のことである。普通預金や定期預金がある（大部分は定期預金）などの特徴は円での預金と同じであるが，預金保護がないことや為替変動リスクがある点で異なる。譲渡性預金（CD）とは，無記名で他者に譲渡可能な定期預金証書のことである。満期が定められ途中解約することができないが，他者に譲渡（売却）することができる。金額が大きいため，主たる購入者は機関投資家などの大口投資家である。預金保護はない。

貸出業務

銀行の貸出は，手形割引（手形については第11章参照）と貸付に大きく分けられる。さらに貸付は，手形貸付，証書貸付，当座貸越の3つに分けられる。日本の銀行の貸出残高の内訳においては，貸付が大半を占め，手形割引の割合は減少傾向にある。貸付の中では，証書貸付の割合が約7割を占めている。

手形割引とは，商取引に基づいて振り出された商業手形（期間3ヵ月程度）の保有者が満期日前に資金が必要となった場合に，満期日までの利息を差し引いた金額で銀行にその手形を買い取ってもらう形で行われる貸出のことである。

手形の保有者は満期日まで待っていれば額面金額を受け取ることができるが，手形割引により早期に資金を手にすることができる。銀行の側からみると，手形の持参人に資金を融通する代わりに利息を受け取る形となるため，貸出と同様の取引になる。主に運転資金を融通するために利用される。

　手形貸付とは，借り手が銀行を受取人とする約束手形を発行し，銀行がその手形を割り引く形で行われる貸出のことである。借用証書をとる代わりに手形を割り引くという方法を採ることで，銀行は貸借上の権利（借り手に返済を求める権利）に加えて手形法上の権利（手形を振り出した借り手から支払いを受ける権利）をもつことができる。手形割引と同様，主に運転資金を融通するために利用されるが，手形の満期日に書き換えを行うことで長期資金の融通として利用される場合もある。

　証書貸付とは，借り手が銀行に借用証書を差し出し，それと引き換えに融資が行われる貸出のことであり，「お金を借りる」というイメージに最も合致した形の貸出である。企業の設備投資や個人の住宅ローン，地方公共団体に対する貸付など，長期の貸出は一般的に証書貸付の形態で実行される。担保をとるのが一般的である。

　当座貸越とは，支払人が銀行にもつ預金残高を超えて払い出す場合でも，定期預金等を担保に，一定金額および一定期間であれば，支払いが行われるように契約（当座貸越契約）しておく仕組みのことである。オーバードラフトとも呼ばれる。預金残高を超えて払い出された金額は，自動的に銀行による貸付となる。借入の際に書類作成の手間が省けることや印紙税が節約できることもあり，資金の出入りが激しい主体にとってとくにメリットが大きい仕組みである。また，担保をとるのが一般的である。

貸出のポイント

　銀行が貸出を実行するにあたって主要な問題となるのは，期間，担保，金利である。

　貸出は，その期間により短期貸出と長期貸出に分けられ，短期は1年未満の，長期は1年以上の貸出である。短期と長期で貸出の性格も異なり，短期貸出は運転資金などの融通，長期貸出は設備投資資金などの融通という性格をもつ。貸出先が期日に約束通り元利金を返済しないこと（信用リスク）も短期と長期

で異なり，短期よりも長期のほうが信用リスクは大きい。銀行は，流動性預金といった短期の資金を調達しているが，これらは決済を通じて大量に出入りしているため，長期の貸出を行うことができる。

　担保とは，信用リスクの顕在化に備え，貸出の回収を確実にするために借り手から貸し手にあらかじめ提供される物や人のことである。担保をとる有担保と，担保をとらない無担保がある。担保には，物的担保と人的担保がある。前者は土地などの不動産，有価証券，預金などを担保にとり，後者では保証人などをつける。借り手本人が返済できない場合でも，保証人が返済を保証する。連帯保証人である場合には，連帯保証人が責任をもって返済しなければならない。近年は，有担保貸出の割合が減少し，無担保貸出の割合が増加している。

　貸出を実行するにあたり，金利は最も重要なポイントである。短期貸出金利は短期プライムレート（短プラ）が，長期貸出金利は長期プライムレート（長プラ）が，それぞれベースとなっている。プライムレート（最優遇貸出金利）とは，信用度の高い優良企業に対して適用される最も低い優遇された金利を指す。短プラは，1989年までは公定歩合に連動していたが，1989年以降は各銀行が市場金利や総合的な資金調達コストを勘案しながら独自に設定している。したがって，1989年以降の短プラは新短期プライムレート（新短プラ）と呼ばれることもある。長プラは，かつては長期信用銀行（第3節参照）が発行する5年物利付金融債の表面利率に0.9％を上乗せする形で決められていた。長プラはその後，新短プラに一定割合を上乗せする形で決められるようになったが，現在それは形骸化している。新短プラを基に決められる長プラは，新長期プライムレート（新長プラ）と呼ばれることもある。まとめると，短期貸出金利は新短プラを基準に，長期貸出金利は新短プラを基に決められた新長プラを基準にそれぞれ決められる。

新しい貸出

　新しい形態の貸出としては，(1)コミットメント・ライン，(2)シンジケート・ローン，(3)プロジェクト・ファイナンス，(4)DIP ファイナンス（Debtor in possession finance），(5)ABL（Asset Based Lending）などが挙げられる。ここでは(1)と(2)についてのみ触れる。

　コミットメント・ラインとは，企業と銀行との間であらかじめ融資枠を確約

（コミット）させておき，その枠内であれば，契約期間中はいつでもあらかじめ定められた金利で即座に融資が受けられる仕組みのことである。契約期間は，通常１年程度である。当座貸越と似ているが，コミットメント・フィー（手数料）が必要であること，担保が不要であること，中堅・大企業向けであること，などの点において当座貸越とは異なる。

　シンジケート・ローンとは，複数の銀行がシンジケート団と呼ばれるグループを作り，アレンジャーと呼ばれる主幹事銀行の取りまとめにより，同一の条件で行う貸出のことである。協調融資というイメージである。M&A を目的とする資金調達やプロジェクト・ファイナンスなど，比較的大型の案件に対して用いられる。プロジェクト・ファイナンスとは，通常の融資とは異なり，融資先の信用力に関係なく，プロジェクトの採算性で貸出を行う手法のことである。シンジケート・ローンは，もともとは大企業向けの融資形態であったが，近年では，中堅・中小企業向けの融資にも利用されるようになっている。

リレーションシップバンキングとトランザクションバンキング

　リレーションシップバンキング（リレバン）とは，「地域密着型金融」とも呼ばれ，取引先（中小企業が中心）との間の長年に及ぶ親密な関係の中で蓄積された情報（ソフト情報）を基に，銀行が貸出などの金融取引を行うビジネスモデルのことである。金融取引の基となる情報は，借り手の経営実態および返済能力に関する情報や，経営者個人に関する情報などである。このような取引は，企業とメインバンクとの関係を通じて伝統的に行われてきた取引でもある。

　メインバンクとは，企業からみて借入残高が最も大きい銀行のことを指す。歴史的には，日本の企業は，特定の銀行と親密かつ重層的な関係を築いていることが多い。具体的には，借入残高が最も大きいことに加え，借入企業の株式を保有している（「株式持ち合い」というケースが多い），借入企業に銀行従業員を出向させるなどの人的な関係がある，給与振り込みなどの幅広い取引も行っている，長期的な取引関係にある，などを意味する。ただし，企業と銀行は暗黙の了解で互いにメインバンク関係にあることを認識しているが，両者の間に契約が結ばれているというわけではない。また，企業とメインバンクとの関係は，コーポレート・ガバナンスにも深く関わる（第5章参照）。メインバンクは，戦後の日本において企業の資金調達に大きな役割を果たしてきたが，企業に対す

るモニタリング機能やガバナンス機能は，以前に比べ低下している。

　トランザクションバンキングとは，貸出先企業についての深い情報を把握していない銀行が，貸出先企業の財務諸表やクレジット・スコアリングなど（ハード情報）を基に，貸出などの金融取引を行うビジネスモデルのことである。貸し手が大手銀行で，借り手が大企業というケースが多く，各取引ごとに複数の銀行に融資を打診し，金額や金利などについて最も良い条件を提示した銀行から融資を受ける。また，クレジット・スコアリングとは，財務情報などから確率統計モデルによって点数化された企業の信用度を基に，融資の可否や融資条件を決める手法のことである。

為替業務

　為替とは，遠隔地間において現金を用いずに債権・債務関係を清算したり，送金したりすることを指す言葉であり，それが国内で行われる場合を内国為替（内為と略される）と呼び，国境をまたぐ場合（クロスボーダーという）を外国為替（外為と略される）と呼ぶ。現在では，遠隔地間ということに大きな意味はない。債権・債務関係を清算することを決済（第11章参照）と呼ぶことから，為替業務は決済業務とも呼ばれる。

　為替業務については，技術の発達に伴い新たな動きがみられる。2010年に資金決済に関する法律（資金決済法）が改正され，それまで銀行にのみ認められていた為替取引が，1回あたり100万円以下であれば銀行以外の業者（資金移動業者）にも認められることとなった。1回あたり100万円以上の為替取引については引き続き銀行の独占業務となっているが，近い将来，その独占は部分的に崩れる可能性がある。資金移動業者として金融庁に登録されている業者は2020年2月時点で74業者あり，主な業者としては，NTT ドコモ，LINE Pay，メルペイ，楽天 Edy，Pay Pay などが挙げられる。

付随業務

　銀行の付随業務として，証券業務，国際業務，デリバティブ業務などが挙げられる。

　証券業務とは，有価証券の発行や売買に関わる業務のことである。戦後は，基本的に銀行による証券業務の兼営は禁止されていた。その後の法律改正等に

より，多くの証券業務が銀行にも認められるようになった。銀行が国債に関する業務を行うようになったのは，1980年代である。高度経済成長の終焉とオイルショックを受けて1970年代半ばから国債の大量発行と国際的な金融自由化（2つのコクサイ化）が始まったが，政府にとっては国債価格の安定が，銀行にとっては保有国債の価格変動リスクのヘッジ（回避）が，それぞれ課題となった。1983年に始まった銀行による国債の窓口販売（窓販）は国債価格安定策の1つであり，1984年に始まった銀行による公共債のディーリングは保有国債の価格変動リスクのヘッジ策の1つであった。株式の引き受けや銀行窓口での株式の直接販売等は，日本では引き続き禁止されている。

　銀行の国際業務は，従来は外国為替に関わる業務であった。グローバル化の進展により，国際業務の幅は大きく広がっている。日本企業の海外進出は1980年代に本格的に始まったが，当時問題となったのは，とくにアメリカをはじめとする各国との貿易摩擦であった。その対応策として，日本企業はそれまで輸出先であった国での現地生産に切り替え始めた。そのような企業に金融サービスを提供するために日本の銀行も海外へと拠点を拡大し，オーバープレゼンスと言われるほどまでにその存在感を高めた。グローバル化が高度に進展した現代においては，都市銀行のみならず地方銀行にとっても，国際業務は一般的な業務となっている。

　銀行の付随業務に欠かせないのがデリバティブ取引である。デリバティブ（金融派生商品）取引とは，元となる商品（原資産という）の現物取引から派生して生じる各種取引のことである。主に原資産の現物取引に伴うリスクをヘッジすることを目的として利用されるが，投機や裁定取引（価格差を利用して利益を得ようとする取引のこと）が目的の場合もある。デリバティブ取引の代表例として，先渡取引，先物取引，オプション取引，スワップ取引，が挙げられる（第6章第3節参照）。

銀行の利益

　銀行がこれまで説明してきた業務を行う理由は，利益を得るためである。銀行の利益の源泉は，主として利鞘である。利鞘とは，貸出による収益と預金にかかるコストの差のことである。利鞘以外にも，銀行は有価証券や外国為替の売買益，デリバティブ取引や各種サービスの手数料で利益を確保しており，銀

行の利益全体に占める利鞘以外の割合は上昇傾向にある。また，企業の銀行依存度が低下していることや地域経済が低迷していることなどを背景として，地域銀行を中心に，銀行の利益は減少傾向にある。その対応策としては，顧客に新たな手数料を課すことなども考えられるが，新しい貸出やフィンテックを推し進めるなどの積極策も必要となる。

　ただし，利益を得るためとは言え，銀行が過度にリスクテイクを行うことは避けられねばならない。大きな損失が出た場合，銀行の経営は不安定となり，実体経済に悪影響を及ぼしかねない。銀行は，家計や企業と密接な関係にあり，公共的な存在である。銀行には，リスク管理の徹底により経営の健全性を維持しつつ収益も確保するという高度なバランス感覚が求められる。

商業銀行，投資銀行，ユニバーサルバンクについて

　商業銀行とは，預貸業務を中心に行う銀行のことである。日本では，後述する（第3節）普通銀行が商業銀行に該当する。金融が高度に発展した現代においては，普通銀行は付随業務を中心に多種多様の業務を手掛けるようになっており，もはや伝統的な商業銀行の枠には収まりきらなくなっている。金融機関の形態としては，他にも証券の引受や発行，自己勘定取引（トレーディング），M&A のアドバイザリー，デリバティブ取引などの業務を行う投資銀行や，商業銀行業務や信託銀行業務，投資銀行業務を一体で行うユニバーサルバンクがある。ユニバーサルバンクは，ドイツを中心にヨーロッパで主流となっている形態である。

3　銀行の種類

　銀行法において，銀行業は「①預金の受入れと資金の貸付とを併せ行うこと，②為替取引を行うこと，のいずれかを行う営業」と規定されている。本節では，銀行の種類を大きく(1)普通銀行，(2)長期金融機関，(3)協同組織金融機関，(4)公的金融機関，(5)在日外国銀行，(6)新たな形態の銀行，(7)中央銀行，の7つに分類して説明する。

　普通銀行には，都市銀行のほかに地方銀行と第二地方銀行がある。都市銀行（都銀）とは，大都市に拠点があり，全国に店舗展開している銀行のことであ

る。1980年代後半時点において日本には13の都市銀行が存在したが，(1)バブル崩壊やアジア通貨危機，(2)IT の発達，(3)欧米金融機関との競争に勝つため，などを理由に再編が進み，現在（2020年3月）では4つのグループに集約されている。ただし，りそな銀行は国際業務から撤退しており，また，一時国有化された銀行であることから，実質的には3つのグループに集約されていると言える。都市銀行はその規模の大きさからメガバンクとも呼ばれ，みずほ銀行，三菱 UFJ 銀行，三井住友銀行は3大メガバンクと呼ばれる。規模の違いから，りそな銀行はメガバンクに含まれないが，都市銀行には含まれる。

　地方銀行（地銀）とは，全国地方銀行協会の会員となっている銀行のことである。各都道府県に拠点があり，従来は，店舗展開は拠点地域内に限られてきた。第二地方銀行（第二地銀）とは，第二地方銀行協会（第二地銀協）の会員となっている銀行のことであり，かつて存在した相互銀行が普通銀行に転換したものである。相互銀行は中小企業向けに貸出を行うことを専門とする金融機関であり，貸出先は中小企業に限られていた。相互銀行の多くは1990年までに普通銀行に転換し，第二地銀となった。地銀と第二地銀はともに地域密着型の金融機関であるが，第二地銀は地銀より規模が小さい場合が多い。2020年3月時点において，地銀は64行，第二地銀は38行ある。

　近年では，県境を越えた地域銀行の再編が進み，広域地銀と呼ばれるグループが存在する。広域地銀の例としては，横浜銀行（本店は横浜市）と東日本銀行（本店は東京都中央区）の持株会社であるコンコルディア・フィナンシャルグループなどが挙げられる。隣県に本店を置く銀行同士の合併・統合というイメージがあるが，ほくほくフィナンシャルグループのように，北陸銀行（本店は富山市）と北海道銀行（本店は札幌市）による飛び地統合という例もある。地域銀行の再編が進んでいる理由としては，少子高齢化による人口減少や長引く超低金利を背景に，銀行の利益が減少していることが挙げられる。また，オーバーバンキングという問題もある。これは，銀行の数が多すぎるために貸出金利の引き下げ競争が激しくなっているという意味である。名古屋を中心とする東海経済圏では，貸出金利が他の地方と比べて低い（「名古屋金利」と呼ばれている）ことが知られているが，その理由の1つに同地域における貸出競争の激しさが挙げられる。

　信用金庫（信金）や信用組合（信組）などは，協同組織金融機関と呼ばれる。

表3-1　銀行・信用金庫・信用組合の比較

	銀　行	信用金庫	信用組合
根拠法	銀行法	信用金庫法	中小企業等協同組合法
組織形態	株式会社	協同組織の非営利法人 （会員が出資）	協同組織の非営利法人 （組合員が出資）
営業地域	制限なし	制限あり	制限あり
会員・組合員の 資格	―	地区内において， ①住所または居所を有する者 ②事業所を有する者 ③勤労に従事する者 ④事業所を有する者の役員 など	地区内において， ①住所または居所を有する者 ②事業を行う小規模の事業者 ③勤労に従事する者 ④事業を行う小規模の事業者の役員 など
会員・組合員以外 からの預金受入	制限なし	制限なし	預金総額の20％まで
会員・組合員 以外への貸出	制限なし	貸出金総額の20％まで	貸出金総額の20％まで

出所：一般社団法人全国信用金庫協会の資料を基に筆者が加筆して作成。

労働金庫（労金）や農業協同組合（農協）も協同組織金融機関に該当する。協同組織金融機関は，会員や組合員の出資に基づく協同組織であり，NPO（非営利組織）である。ただし，採算を度外視しているというわけではない。銀行と信用金庫，信用組合の違いは，表3-1の通りである。また，信用金庫の中央機関として信金中央金庫（信金中金）が，信用組合の中央機関として全国信用協同組合連合会（全信組連）がある。

　長期金融機関には，信託銀行とかつての長期信用銀行が該当する。信託銀行とは，銀行業務と信託業務を兼営している銀行のことである。信託とは，委託者（財産の所有者）が受託者（信頼できる人や機関）に，受益者（第三者）の利益を目指してその財産の管理や運用等を任せる仕組みのことである。たとえば，投資信託の場合，委託者は投資信託委託会社，受託者は信託銀行，受益者は投資家である（図3-1）。大企業を中心に借入需要が停滞していることもあり，銀行業務よりも信託業務に力を入れている信託銀行が多くなっている。信託業務の中では投資信託が最も身近であるが，他には，年金信託，土地信託，遺言信託，知的財産権信託などがある。

　長期信用銀行（長信銀）とは，かつて存在した日本興業銀行（興銀），日本長

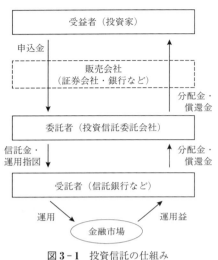

図3-1　投資信託の仕組み

出所：一般社団法人信託協会の資料を基に筆者
　　　作成。

期信用銀行（長銀），日本債券信用銀行（日債銀）の3行を指す。長信銀は，金融債を発行して資金調達を行っていた。金融債とは，特定の金融機関が特別法に基づいて発行する債券のことである。長信銀は，もともと大企業向けの長期貸出を中心的に行っていた。しかし，高度経済成長を経て大企業の資金調達方法が銀行借入から有価証券発行へシフトしたことなどから次第に貸出先を失い，利益も低迷していった。打開策として不動産関連事業などに過剰な融資を行ったものの，バブル崩壊とともにそれらが不良債権化し，経営破綻

もしくは他行との合併という結果に至った。かつての長信銀は3行とも普通銀行に転換し，現在は存在しない。

　公的金融機関は，政府系金融機関と呼ばれ，民間金融機関を補完する役割を担っている。公的金融機関としては，日本政策金融公庫や国際協力銀行などが挙げられる。2007年10月の郵政民営化に伴い，郵便局が取り扱っていた郵便貯金と簡易保険は，それぞれゆうちょ銀行とかんぽ生命保険に引き継がれた。2020年3月時点において，両社の株式売却が進んでいるものの，日本郵政（同社の株式の57％を政府が保有）による両社の株式保有割合は，ゆうちょ銀行が74％，かんぽ生命保険が64％となっている。

　在日外国銀行とは，外国に本拠をもつ外国の銀行の日本国内における現地法人および日本に置いている支店を意味する。銀行業の営業免許を有する在日外国銀行は，2020年2月時点において55行となっている。銀行法上の銀行に該当するため，普通銀行と同様の扱いがなされる。

　新たな形態の銀行とは，異業種企業によって設立された銀行のことであり，各行それぞれが特色ある業務展開を行っている。銀行業務をすべてインターネットを利用して行っているのがインターネット専業銀行（ネット銀行）であ

る。物理的な店舗をもたないなどのコスト削減策を徹底しており，決済手数料
を安く設定したり預金金利を高く設定したりすることで顧客を獲得している。
ネット銀行としては，ソニー銀行や楽天銀行，au じぶん銀行などが挙げられ
る。au じぶん銀行は，スマホでの操作をメインとするモバイルバンキング型
のネット専業銀行である。ATM による決済専業銀行としては，セブン銀行や
ローソン銀行，イオン銀行が挙げられる。イオン銀行については，イオンモー
ル内に相談窓口的な店舗（インストアブランチと呼ばれる）を置いているケース
もある。

　中央銀行は，金融・銀行システムの中心に位置し，発券銀行・銀行の銀行・
政府の銀行という3つの機能を果たしている。日本の中央銀行は，1882年に設
立された日本銀行である。銀行が銀行法で規定されているのと同様に，日本銀
行も日本銀行法によって基本的な性格を規定されている。同法では，日本銀行
の目的は物価の安定と金融システムの安定であると規定されており，それらの
目的を達成するために同行は金融政策などを行っている（第7章参照）。諸外国
では，アメリカに FRB（連邦準備制度理事会），イギリスにイングランド銀行，
ユーロ圏に ECB（欧州中央銀行），中国に中国人民銀行がある。現存する最古
の中央銀行として有名なのは，スウェーデンのリクスバンク（スウェーデン国立
銀行）である。同行は，世界に先駆けて中央銀行デジタル通貨（CBDC）の議論
を始めた中央銀行でもある。

　本章では，企業と銀行についてみてきた。まず，金融機関について学んだ。
銀行は金融機関に分類されるが，銀行以外の金融機関もある。金融機関を大き
く2つに区分し，銀行と銀行以外の金融機関との違いも踏まえつつ，金融機関
と家計や企業との関係を把握した。次に，銀行の業務について学んだ。具体的
には，銀行の固有業務と付随業務について確認した。最後に，銀行の種類につ
いて学んだ。銀行には様々な種類があり，古くから続いているものもあれば，
歴史の途中でなくなったもの，技術の発展により新しく登場したものがあるこ
とを知った。次章では，企業と証券市場について学んでいこう。

参考文献

（金融論）

川波洋一・上川孝夫編『現代金融論［新版］』有斐閣，2016年。

奥田宏司・代田純・櫻井公人編『深く学べる国際金融——持続可能性と未来像を問う』
　　法律文化社，2020年。

島村高嘉・中島真志『金融読本［第31版］』東洋経済新報社，2020年。

代田純『誰でもわかる金融論』学文社，2016年。

中島真志『入門　企業金融論』東洋経済新報社，2015年。

藤波大三郎『はじめて学ぶ銀行論』創成社，2012年。

さらに読み進めたい人のために

（金融論）

川波洋一・上川孝夫編『現代金融論［新版］』有斐閣，2016年。
　＊現代金融の全体像をバランスよく解説したテキスト。

（国際金融論）

奥田宏司・代田純・櫻井公人編『深く学べる国際金融——持続可能性と未来像を問う』
　　法律文化社，2020年。
　＊国際金融の基本を深く掘り下げて学ぶための基本テキスト。

（銀行論）

藤波大三郎『はじめて学ぶ銀行論』創成社，2012年。
　＊銀行論を学ぶ上で重要なポイント絞り解説した1冊。

（勝田佳裕）

第4章

企業と証券市場
——証券市場の役割と証券会社——

---- Short Story ----

　ミネオ君がテレビでニュースを見ていると，日経平均株価が前日に比べて何円上がった，下がったというニュースが毎日流れています。ミネオ君は，なぜ毎日株価の変動がニュースになるのか分かりませんでした。ところが，隣でそのニュースを見ている父親は，株式投資などしていないにもかかわらず，興味津々の様子です。

　ミネオ君は，父親に「なぜ，お父さんは日経平均株価の変動がそんなに気になるの」と聞きました。そうすると，父親は「株価の変動は投資家だけでなく，社会全体に影響があるんだよ。たとえば，株価が下がるということは，今後景気が悪くなることを予想できるし，企業が資金を調達するときにも，市場メカニズムが働くため，資金を調達しにくくなるんだよ」と答えてくれました。

　ミネオ君は，株価が下がると今後景気が悪くなるというのは，何となく理解できましたが，企業の資金調達がなぜ難しくなるのか，あまり理解できませんでした。そこで，ミネオ君はどうして株価が下がると，企業の資金調達が難しくなるのか。また，株式を買ったときに払うお金は誰に渡されるのか，疑問が湧いてきました。そこで，企業がなぜ証券市場で資金調達するのか，投資家が払ったお金は一体どこへ行くのか調べてみようと思いました。

　企業は商品やサービスを開発・生産し，販売するが，それには原材料や工場，機械が必要であり，資金が必要になる。企業は商品の生産などにかかった費用を，それの販売で回収する。ただ，費用の支払と販売代金の入金にはタイムラグが生じることもあり，一時的な資金不足に陥ることもある。また，機械の購入や工場建設の費用は高額なため，自己資金だけでは不足する場合もある。

　そのため，企業はその資金をなんらかの方法で調達せねばならず，内部留保や減価償却などの自己資金の利用や，企業外部から様々な方法で資金を調達している（第 2 章参照）。本章では，企業の資金調達の場である証券市場を取り上げる。まず，企業が資金を調達するために発行する有価証券を説明し，それが発行される発行市場，発行された証券が転々と売買される流通市場を説明し，両者が車の両輪の関係にある理由を説明する。そして，間接金融と直接金融の違いを説明する。さらには，発行された証券は投資家が購入しなければ，発行体は資金調達できない。その売買を仲介するのが金融商品取引業者（以下，証券会社）である。最後にその業務や最近の潮流を説明する。

1　有価証券とは

有価証券と資金調達

　証券市場では，発行体（国や企業など）が新たに株式や債券を発行し，それらを投資家に売却して資金調達を行う。このときに用いられる株式や債券は，有価証券と呼ばれる。有価証券とはそれを持っている人の財産権（経済的利益に関する権利）を証明するものであり，それには株式や債券だけでなく，手形や小切手，商品券なども含まれる。

　しかし，手形や小切手（第11章参照），商品券は商品の売買に伴って使われるものであるため，商品の売買に関わる特定の人の間でしか流通しない。これに対して株式や債券は，発行体が不特定多数の人から資金を調達するために使われており，その性質上，多くの人による売買が行われる。

　なぜ，多くの人による売買が行われるかと言えば，株式や債券は発行体が長期間利用できる巨額な資金の調達を目的に発行される。巨額の資金を調達するには，多くの人からお金を提供してもらう必要がある。そのため，投資家の資金力に応じて出資できるように，持分を細分化（細分化すれば投資金額も小さく

なる）して，多数の人から資金を集めて，巨大な資金にしている（資本集中機能）。これに関連して，企業規模が拡大すれば，株主の中には企業の経営には関心を示さず，もっぱら配当金の多寡や株式の値上がりにしか興味を持たない人も出てくる。その結果，専門的な能力をもった経営者を雇い，株主に代わって企業を経営してもらうようになる（所有と経営の分離。第5章参照）。

　また，発行体は長期間の資金提供を希望しているが，私たちの預金などの余裕資金は，いずれ使うために蓄えられており，投資家の中には短期間しか資金提供できない人もいる。このミスマッチを放置しておけば，企業の資金調達は難しくなる。そこで，投資家が必要に応じて第三者に証券を売却して資金回収ができれば，短期間しか資金提供できない人も株式や債券を購入できるようになる（その反面，発行体にとっても，株式や債券の所有者は交代しているが，資金提供が維持される。満期変換機能）。こうして流通市場が生まれる。その結果，株式や債券は証券市場で不特定多数の人の間で売買されるのである。

株式と債券

　さて，発行体が資金調達の際に発行する株式（株式会社のみ発行）や債券の最大の違いは，返済義務の有無である。債券には返済義務があるが，株式には返済義務がない（永久資本）。つまり，債券の所有者は一定の期間資金を企業に貸し付けているのに対し，株式の所有者（株主）は，返済義務のない資金を企業に提供（出資）しており，同じ資金の提供でもその性質が異なる。

　したがって，債券は発行体への貸付となるため，それが発行されるときに約束した金利が毎年支払われ，約束した期限（満期）が来れば，元本も全額返済される（ただし，発行体が破綻すれば，元金は返済されない）。つまり，債券は借用証書に似ているとも言えよう。これに対して，株主は返済されない資金を提供することになるため，その企業の所有者と位置づけられる（その代わりに分配可能な剰余金があれば，配当金が支払われる）。そのため，株主にはいくつかの権利が与えられる。その代表的なものには，議決権，配当請求権，残余財産分配請求権，株主提案権があり，その他にも株主総会の招集権や役員等の解任請求権などがある。

　株主の代表的な権利である議決権，配当請求権，残余財産分配請求権，株主提案権を簡単に説明すると，議決権とは株主総会で提案された議案（取締役を

コラム1　株主提案権はなぜ少数株主権なのか

　日本での株主提案権の歴史は，1948年証券取引法に遡る。しかし，2年後にはそれが削除され，以後，1981年の商法改正まで株主は株主総会招集請求権を利用しなければ，株主総会での議題や議案の提案はできなかった。しかし，「シャンシャン総会」と揶揄されたように，日本企業の株主総会は質疑応答や議論もなく，形骸化していたため，これを活性化し，株主の経営監視能力向上を図るために，1981年の商法改正で採用されたのが株主提案権であった。

　株主提案権が単独株主権でない理由は，法律改正の際，経済団体や金融界には反対論が根強く，賛成の場合でも権利の不当な行使や濫用に対する歯止めを求める意見が多かった。経済界に反対論が根強かったのは，この権利が一般の株主ではなく，総会屋などに行使されるのを危惧したためであった。こうした意見を踏まえ，株主提案権を単独株主権ではなく，少数株主権として採用したのである。

　実際，有名なものでは2012年の野村ホールディングスの株主総会で，「社内のトイレを和式にせよ」や「取締役の呼称をクリスタル役とせよ」など，おおよそ株主総会の活性化や経営監視強化とは無関係な議題の提案がされた。こうした株主提案権の濫用が指摘される議案が増え始めたことから，株主提案権を採用する際に問題となった株主提案権の濫用が問題視され，現在は株主総会での株主提案は，1株主あたり10個までに制限されている。

誰にするか，配当金をいくらにするかなど）に対して，賛否を投票できる権利である。また，株主提案権とは株主総会の議案を提案できる権利である。このように株主は企業の目的達成のために，重要な意思決定への参加や，企業の経営を監督する権利を持っている。こうした株主全体の利益に繋がる権利を共益権という。しかし，共益権には議決権のように株主になれば誰でも認められる単独株主権と，株主提案権のように一定数の株式を持っていなければ認められない少数株主権がある（コラム1参照）。

　議決権，株主提案権は共益権というが，その一方で権利行使の結果が，株主個人の利益に関係するものを自益権という。自益権には配当請求権，残余財産分配請求権などがある。配当請求権とは，企業の剰余金から株主が配当を受け取る権利であり，残余財産分配請求権とは，企業が解散する際に財産が残っていれば，持株数に応じてそれの分配を受けられる権利である。このように株主

にはいくつかの権利が与えられるのである。

2　証券発行市場とは

　証券発行市場とは，発行体が資金調達を行うために，新たに発行した株式や
公社債を，証券会社あるいは投資家に売却する市場のことをいう。

　さて，新たに発行された証券は，発行体自身が投資家を探して売却（直接発
行）するか，投資家を顧客とする証券会社にそれを委託して売却（間接発行）
し，資金を調達する。前者の場合，売れ残りがあればそのぶんだけ，予定した
資金調達ができなくなるが，後者の場合，発行された証券を証券会社がいったん
全部買い取って投資家に売却するか，売れ残りを買い取ってくれる場合，企
業が希望する資金の調達が確実にできる（本章第4節参照）。

　証券発行市場には，株式発行市場と公社債発行市場があり，それぞれ構造が
異なるため，次にこれらを見ていこう。

株式発行市場

　株式発行市場は，企業が新たに発行した株式を，投資家に売却して資金調達
する場である。企業が株式を新たに発行するのは，企業を設立するための資金
を調達するときと，企業を設立した後の2つに大別でき，後者は資金調達を目
的とするものと，そうではないものに分けられる（図4-1）。まず，企業設立

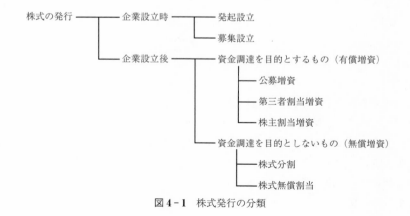

図4-1　株式発行の分類

時の発行から見ていこう。

　企業を設立するときには，発起設立か募集設立が行われる。前者は，発起人が発行された株式をすべて買い取るため，発行額は発起人のもつ資金力に左右される。したがって，主として中小企業で利用されている。他方，後者は発起人が一部の株式を引き受けるが，残りは出資してくれる人に売却するため，発行額は制限されず，事業規模の大きな企業や，有名な企業が別会社を設立する際に利用される。

　そして，企業設立後は，公募増資，第三者割当増資，株主割当増資によって資金が調達される。公募増資とは，時価（株価）を基準とした価格で発行した株式を，不特定多数の投資家に売却して資金を調達する方法である。そして，第三者割当増資は特定の第三者に，株主割当増資は既存株主にそれを売却して，資金を調達する方法である。

　次に，資金調達を目的としない株式発行を見ていこう。それには株式分割と株式無償割当がある。前者は既存の1株をいくつかの株式に分割するものである。これが行われるのは，株価が高くなると投資に必要な最低金額も高くなるため，その企業の株式を買える人が少なくなる。そのとき，既発行の株式1株を2株に分割すれば，理論的には1株の株価は半額となるため，投資できる人が増えて，市場で活発に売買されるようになる。後者は既存株主に無償で株式を交付するものであり，その効果は株式分割と大きくは変わらない。ただ，株式分割では，普通株には普通株しか割り当てられないが，無償割当では普通株に普通株だけでなく，優先株（株主総会での議決権は与えられないが，配当金は普通株より多い株式）も割り当てられる点が異なる。

　さて，株式は返済義務がないため，投資家が提供した資金は償還（返済）されない。そこで，それを自由に売買して資金の回収ができるように，証券取引所（以下，取引所）が作られた。そして，企業は多くの人が自社の株式を売買しやすくするため，それを取引所で売買できるようにする。これを上場という。取引所に株式を上場するには，利益や純資産額などの基準をクリアせねばならず，上場企業になると信用力や知名度が上がるため，投資してくれる人が増え，資金を調達しやすくなる。そのため，企業は上場と同時に株式を発行して，資金も調達する（IPO：Initial Public Offering）。つまり，上場は資金調達を目的として行われている。

　ところが，最近，世界的な金融緩和による金利の低下（第7章参照）は，年金や生命保険会社，投資信託などの機関投資家の資金運用を難しくしている。そこで，機関投資家は成長性の高い非上場のベンチャー企業などにも活発に投資している。その結果，創業から10年以内の非上場テクノロジー企業でも，革新的な技術力とビジネスモデルを持つ，評価額が10億ドルを超えるユニコーン企業（TikTok を運営する Bytedance や宇宙開発ベンチャーのスペースXなど）が登場している（2020年8月現在）。

　こうした企業は，既に十分な事業資金を保有しているため，上場の際に新たに株式を発行せず，非上場のときに株主になった投資家が保有している株式を，他の投資家に売却するだけのダイレクトリスティングを行っている。このように，株式の上場が資金調達だけでなく，既存株主の資金回収手段としても使われ始めている。

公社債発行市場

　一方，公社債発行市場は，国や企業などが新たに発行した債券を，投資家に売却して資金調達する場である。公社債の種類は，発行体によって分けられる。国が発行した債券を国債，地方公共団体が発行した債券を地方債，政府関係機関などが発行した債券を財投機関債，民間企業が発行した債券を社債という。日本の公社債発行市場の特徴を確認するため，表4-1に日米の種類別の公社債発行比率をまとめたが，日本では国債がほとんどであるのに対し，アメリカでは国債に相当する財務省証券と，社債の比率が高いという相違が見られる。

　債券を新たに発行する場合，その発行額や発行条件（表面金利や発行価格）などを決めなければならない。株式発行の場合，その価格は株価を基準にして決められたが，債券の発行条件は償還までの年数，市場金利の状況，そして信用格付を反映させて決められる。

　信用格付とは，証券の発行体の信用力や，債券の元利金の償還の確実性を分かりやすい記号でランク付け（多くの格付会社はAAAからCで分類し，BBB以上に格付された債券が投資適格とされる）したものである。信用格付とデフォルト（元利金が約束どおり償還されないこと）には相関関係が見られ（表4-2），信用格付の高い債券は，デフォルトの可能性が低いため表面金利が低く設定され，それが低い債券はデフォルトの可能性が高いため，高い金利が設定される。

表 4 - 1　日米の公社債種類別発行比率 (%)

日　　本	2010年	2011年	2012年	2013年	2014年	2015年	2016年	2017年	2018年
国　　債	86.0	87.2	87.2	87.6	87.9	89.1	87.0	85.9	85.7
政府保証債	2.3	1.7	2.4	2.4	2.3	1.6	1.7	1.9	1.9
財投機関債	2.6	3.0	2.7	2.3	2.1	2.2	2.5	2.6	2.9
地方債	3.9	3.6	3.4	3.4	3.5	3.5	3.2	3.4	3.6
社　　債	5.0	4.4	4.2	4.2	4.2	3.5	5.5	6.1	5.8
転換社債型新株予約権付社債	0.1	0.0	0.0	0.0	0.0	0.1	0.1	0.0	0.0
アメリカ	2010年	2011年	2012年	2013年	2014年	2015年	2016年	2017年	2018年
財務省証券	55.1	49.6	42.2	31.6	28.0	26.5	27.7	16.4	44.2
政府機関債	−8.2	−8.2	−5.5	4.0	2.9	3.4	6.4	5.6	2.5
地方債	15.1	12.9	13.7	12.3	12.9	14.8	14.7	16.4	10.6
社　　債	36.9	44.7	49.0	50.8	54.8	54.6	50.5	60.6	41.5
転換社債	1.0	0.9	0.7	1.3	1.4	0.8	0.7	1.0	1.2

出所：日本証券業協会「公社債発行額・償還額」，FRB *Flow of Funds Accounts*，SIFMA ホームページより作成。

表 4 - 2　信用格付とデフォルトの相関性

	経過年数									
	1年間	2年間	3年間	4年間	5年間	6年間	7年間	8年間	9年間	10年間
AAA	0.00	0.00	0.00	0.00	0.00	0.00	0.00	0.00	0.00	0.00
AA	0.00	0.00	0.00	0.00	0.00	0.00	0.00	0.05	0.19	0.35
A	0.00	0.00	0.00	0.04	0.16	0.29	0.52	0.73	0.91	1.10
BBB	0.14	0.47	0.96	1.48	1.75	2.00	2.00	2.00	2.00	2.00
BB	0.61	1.33	2.06	3.39	4.82	5.96	6.77	7.01	7.01	7.01
B	7.17	11.97	15.60	19.62	21.21	21.94	24.18	25.74	27.34	28.98
CCC〜C	20.32	21.46	21.46	21.46	21.46	21.46	21.46	21.46	21.46	21.46
BBB格以上	0.03	0.11	0.22	0.36	0.48	0.61	0.71	0.81	0.92	1.04
BBB格以下	2.78	4.37	5.67	7.51	8.92	9.94	11.01	11.51	11.83	12.16
全格付	0.27	0.49	0.71	1.01	1.25	1.46	1.65	1.80	1.93	2.07

出所：S&P Global Ratings「日本の発行体格付け遷移調査2018年版」より引用。

　世界的な金融緩和は債券発行市場にも影響を与えている。それが，ハイブリット債（償還期限が超長期で債券と株式の性質をもち，普通社債よりも元利支払いの順位が低いため，利回りが高い債券）の増加である。金融緩和による金利低下で運用に困る投資家がそれに投資し，金利を低下させていることが発行を後押ししている。日本でのハイブリット債の発行は2014年頃から始まり，2016年から19年の発行総額は3兆3000億円を超え，同時期の社債発行額（46兆9500億円）の約7％を占めている。

　また，最近の社債発行市場では ESG 債の発行も増えている。昨今の企業経営では，持続的な成長に必要な3つの要素（環境，社会，ガバナンス）が重視されている。ESG 債は通常の債券とは異なり，それによって調達した資金の使い道が，環境改善効果や社会的課題の解決，環境や社会の持続可能性に資する事業に限定され，2012年以降発行が拡大している。

　一方，国債発行市場に目を向けると，日本の国債発行は市中発行，個人向け発行，公的部門発行で行われ，主として市中発行が行われている。市中発行の方法は，財務省の提示する発行条件に対して，入札参加者が落札希望価格と落札希望額を入札し，これに基づいて発行価格と発行額が決まる入札方式を採っている。ただ，国債は財政資金の調達を目的とするため，安定調達が不可欠であるが，落札希望額が少なければ，安定的にそれを調達できない。そこで，国債市場特別参加者制度を設け，特別参加者には応札，落札義務（数値基準がある）を課し，財政資金の安定調達が可能となるような仕組みも採られている。

3　証券流通市場とは

　証券流通市場とは，発行市場で取得された株式や債券が，投資家どうしで売買される市場のことをいう。したがって，投資家が証券を買ったときに払うお金は，発行市場でそれを買ったときと異なり，それを売った投資家に支払われる。

　さて，証券流通市場には株式流通市場と公社債流通市場がある。流通市場には取引所で行われる取引所取引と，証券会社の店頭で行われる店頭取引があり，株式の売買は主として取引所取引で行われ，公社債の売買は主として店頭取引で行われる。以下では，それぞれの市場について説明しよう。

株式流通市場

　証券の売買は16世紀末頃に始まったとされる。売買取引を円滑に行うには，たくさんの需要と供給を 1 ヵ所集める必要がある。そのため歴史的には，商人が自然と街頭やコーヒーハウスへ集まり，そこで証券の売買は行われた。しかし，商人の中には詐欺や契約を履行しないなどの不正取引を行う者もいた。そこで，会員資格や取引ルールを整備し，組織的な管理体制をもつ近代的な取引所が誕生する。

　取引所では，不適格な取引参加者を排除するため，契約不履行に対する罰則や会員制度（現在は取引所の株式会社化に伴い，名称は変わっている）などが導入された。会員制度では，取引所での売買に直接参加できる人（会員）を，十分な財産を持つなどの資格要件を満たした者に限定した。また，取引所は需給を 1 ヵ所に集める目的で作られたため，会員業者が受注した売買注文は，すべて取引所での執行（売買）を義務づけた（市場集中義務）。

　しかし，それは取引所外でよりよい条件で売買できる機会があっても，会員業者はそこで注文を執行できなくする。そのため，代わりに委託売買手数料（本章第 4 節参照）をすべての会員業者で同一にする固定手数料制度が採用された（ただし，1970年代に機関投資家が株式売買の中心となると，業務プロセスが同じにもかかわらず，取引株数に比例して手数料が高くなる固定手数料制度への不満が高まった。その結果，市場集中義務と固定手数料制度は廃止され，現在，委託売買手数料は自由化されている）。また，投資家が安心して取引所に上場している証券に投資できるよう，不適格な証券を排除する仕組みとして，上場制度が設けられた。各取引所では上場審査基準を設けて，それを満たすものしか取引はできない。

　では，株式の発行価格にも影響を与える株価は，どのように決定されるのだろう。日本の取引所では，板寄せ方式とザラバ方式で株価は決まる。前者は取引を開始するときや取引が終わるときなど，大量に滞留した注文を一気にマッチングしたいときに用いられる。具体的には，図 4 - 2 に示したように，(1)まず買い注文と売り注文の累計が逆転する価格を見つける（この場合は，498円と499円）。(2)約定値段を498円と仮定し，成行注文（値段はいくらでもよいから，買い（売り）たい注文）のすべてを約定させる。(3)498円より安い売り注文（成行の200株と600株）と，498円より高い買い注文を約定させる。(4)最後に498円の売り注文400株と，買い注文1000株のうち400株を約定させ，始値が498円に決定する。

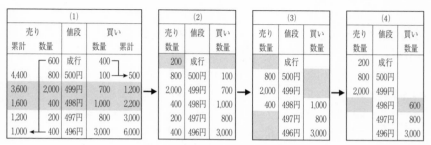

図4-2　取引所での価格決定方法

　始値が決まった後は，ザラバ方式で株価が決まる。具体的には，始値が498円に決定した後，499円での買い注文が500株入った場合，売り注文に残っていた2000株のうち500株と約定し，約定値段は499円となる。もしくは498円で売り注文が700株入った場合，買い注文に残っていた600株と約定し，約定値段は498円となる。こうして決まった株価を基礎に新たに発行される株式の価格は決まるため，株価が高いほど企業は資金調達がしやすくなる（株価が下がり続けている企業に投資しようとする投資家は少ないため）。そのため，企業は株価が高くなるよう，成長投資や収益性の向上を目指すのである。

公社債流通市場

　一方，公社債の売買は主として店頭市場で行われている（日本では，債券売買の99％以上が店頭市場で行われている）。この理由として，(1)株式と異なり1社1銘柄ではなく，同じ発行体が利率や満期の異なる複数の債券を発行し，(2)取引単位が大きく，(3)取引内容もバスケット取引など複雑，多岐にわたるため，取引所ではこうしたニーズをすべて満たす取引相手を瞬時に見つけることが難しいことなどが挙げられる。

　そこで取引される債券は，アメリカでは財務省証券が全体の50％を占めるが，日本では国債が98％以上を占め，国債に偏重した市場となっている。これはそもそも国債の流動性や安全性が高く，様々な運用ニーズで使われることに加え，表4-1に示したように，国債の発行額が他の債券と比較して大きいためである。

　では，債券の流通価格はどのように決まるのだろう。債券の価格は市場金利の変動に応じて日々変動する。たとえば，発行価格100円，金利2％，満期2

年の国債を買ったとする。つまり，毎年 2 円の利子がもらえ，2 年後に100円の元金も償還される。ところが，その後，市場金利が変動し，1 年後に発行価格100円，金利 3 ％，満期 1 年の国債が発行されたとする。

このときに，金利 2 ％の国債を100円で売ろうとしても，新たに発行された国債を買えば 1 年で 3 円の利子がもらえるため，100円では誰も買ってくれない（99円に値下げしなければ買い手は現れない）。逆に，1 年後に発行された国債の利率が0.5％であれば，金利 2 ％の債券は101円でも買われるだろう。このように，債券価格は金利が上昇すると下がり，金利が低下すると価格は上がるというシーソーのような特徴をもっている。

このように流通市場とは，保有証券の売却による資金回収の場として，またそこで決まった価格や金利が参考になって，発行市場で新たに発行される証券の価格が決まるため，両者は車の両輪の関係にあると言われる。

最後に，日本銀行が金融緩和のため，大量の国債と ETF を購入（第 7 章参照）しているが，株式，債券流通市場での価格形成にも影響を与えている。分かりやすいのは債券であり，10年満期の日本国債が流通市場でマイナス金利でも取引されている。この背景には日本銀行がマイナス金利でも国債を購入していることなどを原因とする。マイナス金利とは，お金を貸す人がお金を借りる人に金利を支払うことを意味し，通常の金融取引ではあり得ない。

債券の価格形成は先に述べたように，金利が下がれば価格は上がるわけであり，マイナス金利の国債を買うということは，額面価格よりも高い価格で買っていることを意味し，満期まで保有すれば損失が発生する。つまり，日本銀行の国債大量購入によって，通常の金融取引では考えられない価格での取引が行われており，市場での価格形成が人為的に歪められているのである。

金融仲介機能と証券市場

ここで，これまで述べてきた証券市場を通じた資金調達（直接金融）と，前章で取り上げた銀行を介した資金調達（間接金融）の違いを確認しておこう。資金提供者から資金を必要とする人（資金の取り手）への円滑な資金の移転には，いくつかのハードルがある。その一つが情報の非対称性である。

情報の非対称性とは，どちらか一方に情報が偏っていることを指すが，資金提供者と資金の取り手の間でも，資金の取り手について詳しい情報を持つのは

当然資金の取り手である。それゆえ，間接金融では，資金提供者である預金者に代わって，専門家である銀行の審査部が借り手の返済能力や，支払努力などに関する情報を収集・分析・審査し，貸付の可否を決めている。これに対し，直接金融では，個々の投資家がどの企業に投資するかを自ら決めねばならないが，投資先に関する情報がなければそれができない。そこで，企業に事業や財務状況などの開示（有価証券報告書や四半期報告書による情報開示）をさせたり，上場制度によって取引所で取引可能な証券の品質管理などが行われている。

その他にも，資金の移転に伴うハードルには，資金の取り手が資金を必要とする期間と，資金提供者が資金を提供できる期間の不一致（流動性の不一致）や，資金の取り手が借りた資金を返さないなどの可能性（リスク負担の不一致）がある。これに対して，間接金融では貸付が期限どおり返済されなくても，それに伴う損失はすべて銀行が負担し，預金者にはその負担が及ばないようにしている（元本保証）。さらに，毎日たくさんの人から預金を預かることで，銀行は預金者が引き出しを求めればいつでもそれに応じる一方で，貸付先には契約に定めた期間の貸付が行えるのである。銀行はこのような金融仲介機能を提供している。

他方，直接金融では投資先のリスクに関しては，自己責任が問われるが，流動性に関しては，流通市場が整備され，必要に応じて資金回収できる方法が整えられている。そして，その結果として，証券の価格が形成され，それを基礎にして企業が新たに発行する証券の価格が決まり，価格が高い企業は資金調達がし易くなる。直接金融と間接金融では，間接金融は銀行の審査能力に依存して資金配分が決まるのに対し，直接金融は市場メカニズムによって，資金配分が決定されるという違いもある。

4　証券会社

証券市場で資金を調達するには，発行された証券を投資家に買ってもらう必要がある。また，証券の保有者が資金を必要とするとき，それを誰かに売らなければならない。こうした発行体と投資家，投資家どうしの証券の売買を仲介するのが証券会社である。証券会社の代表的な業務は4つある。まず，証券会社の4つの業務から見ていこう。

証券会社の 4 つの業務

　証券会社が行う 4 つの業務とは，委託売買業務（ブローカレッジ業務），自己売買業務（ディーリング業務），引受業務（アンダーライティング業務），募集売出業務（セリング業務）である。このうち，委託売買業務，自己売買業務は流通市場で行われる業務であり，引受業務，募集売出業務は発行市場で行われる業務である。以下，少し詳しく見ていこう。

　まず，委託売買業務である。そもそもこの業務の確立は，取引所の誕生に由来する。取引所で会員制度が採用されたことにより，会員となった証券会社でなければ，取引所での取引に直接参加できない。したがって，投資家が証券の売買をするには，取引所の会員である証券会社に注文を発注し，売買を代行してもらう必要がある。この顧客から委託された売買注文を，顧客に代わって取引所で売買する業務を委託売買業務という。その対価として，証券会社は投資家から委託売買手数料を徴収する。

　次に，自己売買業務である。自己売買業務は，証券会社自身の自己資金や，在庫として保有している証券を用いて市場での売買を行い，売買差益の獲得を目指す業務である。この業務は投機的な側面だけでなく，取引注文が売り注文，または買い注文のどちらか一方に偏っているときに，証券会社がいったん反対売買（買い注文に偏っているときは，売り注文を発注）を供給して取引を円滑に成立させる側面ももっている。

　そして，引受業務とは，発行体が資金調達のために新たに発行した株式や債券を，証券会社がすべて買い取った上で，それを投資家に販売する（総額引受）。もしくは，投資家に販売できなかった売れ残りを，証券会社が買い取り（残額引受），発行体の資金調達を確実に行えるようにする業務である。その対価として，証券会社は発行体から引受手数料を徴収する。

　最後の募集売出業務は，発行体から委託を受けて，証券会社が証券を投資家に販売する業務である。募集売出業務は募集業務と売出業務に分けることができ，新規発行された証券を投資家に販売するのが募集業務，既発行証券の投資家への販売が売出業務である。その対価として証券会社は募集・売出手数料を徴収する。ただし，募集売出業務は引受業務と異なり，証券会社が証券をいったんすべて買い取る必要も，売れ残りを買い取る必要もない。この点が引受業務との違いである。

証券会社経営の潮流

さて，証券会社は市況に依存するビジネスとされ，固定手数料時代の証券会社の収入は，取引所の売買代金と強く相関していた。会員証券会社の委託売買手数料は19世紀から固定されていたが，現在は自由化されている。それは，機関投資家の台頭が要因である。証券会社が取引を執行するプロセスは，1株の取引でも1万株のそれでも同じであるが，彼らは売買数量に比例して，手数料が高くなる手数料体系に不満を高めたのである。その結果，アメリカでは1975年，日本では1999年に委託売買手数料は自由化された。当然，自由化されると価格競争が発生するため，証券会社の主要業務であった委託売買業務の収益性は悪化した。

それに対する証券会社の対応は，日本でもアメリカでも大きく2つの戦略が見られた。まず，ディスカウント・ブローカー（日本ではネット証券が該当）は社員も最小限しか雇わず，投資家への投資アドバイスなどは一切行わない代わりに手数料を割り引いて，注文量を増やす薄利多売戦略を選択した。一方，既存の証券会社は，大量の従業員を雇用しており，薄利多売戦略は採れない。そこで，資産管理業務（投資家に代わってラップ口座などを使って，資産の管理，運用を代行するもの）やM&Aアドバイザリー，仲介業務（企業の買収，合併などの助言，仲介を行う）などを行い，証券の売買に価値を見出すのではなく，個人の資産形成や企業価値の向上に価値を求め，その対価として手数料を求める戦略を採った。

前者では顧客は手数料の安さに価値を求めるため，手数料割引競争が起きる。しかし，それにも限界があるため，アメリカでは2000年以降（日本では近年），ディスカウント・ブローカーの中にも資産管理業務に参入する業者が出てきた。しかし，薄利多売のビジネスモデルでは，社員を雇って投資家にアドバイスすることはコストがかかるためできない。そこで，大手証券会社から独立した人たちをネットワーク化し，彼らを活用してその業務を行っている。

また，最近の潮流として，情報技術を活用した革新的な金融サービスを提供するフィンテック業者も，証券業への参入を始めている。彼らはターゲットとする資産形成層に向けて，安価で個人の資産，負債のポートフォリオ管理，AIを活用したポートフォリオ提案（ロボアドバイザー。第11章参照）や，それに沿った取引の執行，それの見直しも自動で行うサービスを提供している。さら

には，スマートフォンで簡単にテーマ型投資や少額投資ができるモバイル証券
も登場している。そして，これらの業者やディスカウント・ブローカーの中に
は，顧客を囲い込むため，委託売買手数料を無料にする業者も出てきており，
証券業の提供すべき価値が現在問われている。

　本章は，企業が資金調達に利用する証券市場について説明した。企業は株式
や債券を使って巨額な資金を調達するわけだが，誰しも資金を長期間提供でき
るわけではない。そこで，持分の細分化や取引所を作るなど，投資家の資金を
提供しやすくする仕組みが作られた。その結果，直接金融での資金配分は間接
金融と異なり，市場メカニズムに基づいて行われているのである。
　証券の流通には，証券会社の存在が欠かせない。発行市場ではそれを投資家
に売却して，企業が必要とする資金の調達を助け，流通市場では投資家から受
けた注文を取引所で執行するだけでなく，注文が一方に偏っているときは自身
が反対の注文を出して，取引が円滑に行えるようにもしている。近年，ディス
カウント・ブローカーや FinTech 業者の参入により，手数料の引き下げや新
たな技術を利用したサービスが提供されている。現在，証券業は構造転換の渦
中にあり，だからこそどのような価値を顧客に提供するかが問われているので
ある。

参考文献

川合一郎・一泉知永編『証券市場論』有斐閣，1966年。
証券経済学会・日本証券経済研究所編『証券事典』金融財政事情研究会，2017年。

さらに読み進めたい人のために

二上季代司・代田純編『証券市場論』有斐閣，2011年。
　＊本章の発展編にあたるテキストであり，証券市場を取り巻くトピックが簡潔にまと
　　まっている。
日本証券経済研究所編『図説　日本の証券市場 2020年版』日本証券経済研究所，2020
　年。
日本証券経済研究所編『図説　アメリカの証券市場 2019年版』日本証券経済研究所，
　2019年。

日本証券経済研究所編『図説　ヨーロッパの証券市場 2020年版』日本証券経済研究所，
　2020年。
　＊上記3冊は，各国の証券市場の仕組みや最新のトピックスを簡潔に説明されている。

（深見泰孝）

第5章

企業金融とコーポレート・ガバナンス
——コーポレート・ガバナンスから ESG へ——

— Short Story —

　ミネオ君は，ニュースで日産自動車の経営者のカルロス・ゴーン氏逮捕の事件を知り，約16億円という経営者報酬の高さ，そして逮捕理由として挙げられていた企業を私物化していたような行為に驚きました。

　そこで日本の経営者報酬についても調べてみると，売り上げが1兆円以上の企業でも経営者報酬の中央値は1億円弱であることが分かりました。さらに，アメリカの同数値は日本の経営者報酬の10倍以上もあるとのこと。なぜこのような差が生じるのか，またゴーン氏の経営者報酬の妥当性はあるのか，そして，経営者報酬の決定やその他の企業の私物化行為に対して誰も何も言えなかったのか，という疑問を持ちました。こうした問題はコーポレート・ガバナンスという問題であることを知り，それを学んでみようと思いました。

84

　私たちの生活は株式会社と深く関わっている。株式会社の作った生産物やサービスを利用し，また従業員として株式会社で働いている人も多い。現代社会において株式会社は大きな影響力を持っている。本章で取り上げるコーポレート・ガバナンスは，企業統治と訳されるが，基本的に株式会社の経営を監視する仕組みのことである。企業金融においては，企業の所要資金をいかに調達するかが問題となり，大きく分けて内部資金，外部資金による調達がある。内部資金とは内部留保や減価償却費に代表され，自己金融とも呼ばれている。一方，株式や社債の発行，金融機関からの借り入れ，企業間信用などの利用は外部金融と呼ばれている。

　これらの資金調達方法の違いは，コーポレート・ガバナンスにも大きな影響を及ぼす。アメリカのように株式発行による資金調達が主流の国では，コーポレート・ガバナンスにおいて株主の力が強くなり，日本のように銀行借入を主として利用していた国では，銀行の力が強くなる。本章では株式会社の仕組み，資金調達，株主構成の変遷という観点から近年の企業金融とコーポレート・ガバナンス，機関投資家の ESG 投資について説明する。

1　株式会社に特有の諸問題

　最初に株式会社について歴史的観点から学び，株式会社に特有の問題点を確認しよう。

株式会社の歴史

　会社とは事業を行うのに，一個人の出資可能範囲を超えて複数の個人の資金を合わせて作る組織である。つまり，個人の出資よりはるかに大きな事業規模で活動が行うことができる組織が会社である。この組織を作る方法として，合本，合資の方法があり，それらはすでに14世紀のイタリアで行われていた。合本会社はイギリスの Joint Stock Company を日本語に訳したものとされるが，この会社では出資者は無限責任（出資者が自らの出資の範囲を超えて，責任を負わなければならない）を負っていた。つまり出資者は，会社の負債も含めた事業の責任をすべて負わなければならない。合資会社では一部の出資者は無限責任を負い，他の出資者は有限責任（責任が出資者の出資額にとどまる）を負う組織で

ある。この会社は，出資の範囲を超えて責任を持つ経営陣と，責任が出資の範囲内に留められる出資者との区別が明確となり，より資本を集めやすい形態である。

　世界初の株式会社は，1602年設立のオランダ東インド会社と言われる。オランダ東インド会社は，有限責任，株式の譲渡性，さらに永続性を備えており，「株式会社の起源」と言われている。株式会社は必要資金を株式の発行によって，有限責任を負う株主から調達する。一方，株式流通市場の成立をもって出資金の回収ができたため，合資会社より出資金を集めやすくなり，株式会社は証券市場の発展とともに飛躍的に発展してきた。ここに株式会社は「人類最大の発明」と言われる所以がある。しかし，株式会社が大規模化し，証券市場に上場するようになると，コーポレート・ガバナンスの問題が生じる。次項ではこの問題について詳しく説明する。

所有と経営の分離

　20世紀は株式会社の時代と言われている。とくにアメリカで株式会社は，巨額の資金調達，大規模な生産活動を行うようになり巨大化していった。ここで株式会社の「所有と経営の分離」の問題が浮上した。アメリカの法学者バーリと経済学者のミーンズは，1920年代のアメリカにおける株式保有状況分析を行い，株式会社制度が広範に普及していく過程で，経済力が集中し株式所有が大衆化する，いわゆる「株式所有権の分散」に着目した。分散した大衆株主は企業経営への関心が薄く，それを担う情報や能力に乏しいため経営を専門経営者に委任した。こうして，「所有と経営の分離」が進んだ。そして，この現象が進むと究極的には，経営者が自らを会社のトップに選出する権力を握る「経営者支配」が起こる。このことを「所有と支配の分離」と呼ぶ。

　こうして，所有と経営が分離すると，経営に関心を持たない株主が増加する。彼らは株式の値上がり益にしか関心がないため，株主総会は形骸化し，経営者が株式を所有することなく会社を支配できるのである。したがって，経営者の暴走を止める仕組みが必要となり，コーポレート・ガバナンスの問題が浮上したのである。そして，近年では機関投資家の株式保有比率が上昇しており，この問題を考える上で機関投資家の影響力拡大も考慮する必要がある。

エージェンシー理論

「所有と経営の分離」が拡大した株式会社では，株主が経営を行うのではなく，経営に関する専門的な知識を持つ専門経営者にそれが委託される。すべての大企業で所有と経営が分離しているわけではないが，上場している大企業は一般的に所有と経営が分離している。このとき，株主と経営者の関係はエージェンシー関係にあると捉えられる。

エージェンシー関係とは，1人ないし複数の人間が，他の人間に意思決定の権限を委譲し，自らの利益のための労務の実施を委ねる一種の契約関係のことである。このとき，権限を委譲する株主をプリンシパル（本人），経営を委任された経営者をエージェント（代理人）と呼ぶ。

このようなフレームワークでは，会社は契約の束（nexus of contract）として捉えられる。これをわかりやすく説明すると，企業は株主，経営者，債権者，従業員，取引先，顧客，国，地方等の利害関係者間での契約関係の集合体であり，株主は専門経営者を雇い，企業経営を委託するが，経営者が常に株主の利益に適った行動をとるとは限らない。このような株主と経営者の間の利害衝突により起きる問題を，エージェンシー問題という。株主は企業の様々な経営資源の利用についての意思決定を経営者に委任しているが，情報の非対称性があり，株主が経営者の行動を完全に把握できない。エージェンシー・コストとは，プリンシパルとエージェントとの関係を安定化させて，企業価値を最大化させるために必要なコストであると考えられる。

コーポレート・ガバナンス

コーポレート・ガバナンスとは狭義に解釈すれば，株主の視点から会社の経営を統治・監督するための様々な仕組みである。その仕組みには，内部統制，情報開示，株主との対話，経営者報酬のシステムなどがある。前述のエージェンシー理論で説明すれば，エージェンシー・コストを最小にする仕組みをいかに構築するかの問題である。エージェンシー理論では株式会社の目的は株主利益の最大化であり，コーポレート・ガバナンスの目的はエージェンシー・コストの最小化と株主価値の最大化となる。これがアメリカ型コーポレート・ガバナンスの理論的基礎であった。

しかし近年大きな変化があった。アメリカの経営者団体のビジネスラウンド

テーブルは1978年の設立以降，一貫してコーポレート・ガバナンスの目的を株主価値の最大化としてきたが，2019年にこの方針を転換して，従業員や地域社会などの利益を尊重した行動原則を宣言した。株価上昇や配当金の増加など投資家の利益を優先してきたアメリカ型資本主義にとって大きな転換である。

　また，イギリスで2010年に制定されたコーポレートガバナンス・コードでは，コーポレート・ガバナンスの目的を次のように定義している。すなわち，「コーポレート・ガバナンスの目的は，会社の長期的な成功をもたらすことを可能とする効果的で企業家精神に富み，注意深い経営を促進することにある。それによって会社を方向づけ，制御するためのシステムである。会社の取締役会が何を行い，いかに会社の価値を設定するかに関わるものであり，常勤経営陣が行う日常的な経営管理とは区別されるべきものである」とし，短期的な株主第一主義経営とは一線を画している。

　日本では戦後長らく，企業の株式をメインバンクや系列企業で持ち合っており，「所有と経営の分離」から生ずる問題は顕在化してこなかった。また，企業の資金調達は銀行に依存したため，日本企業のチェック機能はメインバンクが果たし，内部昇進によって従業員が経営者となり，従業員を大切にする経営こそが日本型コーポレート・ガバナンスと言われてきた。しかし，メインバンク制の崩壊と株式持ち合いの解消，代わって外国人投資家の持株比率が増加することにより，日本でも「所有と経営の分離」から生じるコーポレート・ガバナンスの問題が論じられるようになった。

2　企業金融と株式市場の役割

株式市場の変化

　株式発行市場の機能，役割については第4章で説明されているが，本節では日本における株式発行および流通市場の変遷について説明する。まず日本における新株の発行は，(1)有償（公募，第三者 割当，株主割当，新株引受権の権利行使等)，(2)株式分割（無償)，(3)会社合併時などの新株発行等で行われる。その一方で，株式数を減少させるケースには，株式の併合や自己株式の消却がある。

　上場会社の株式数の増減を見ると，2019年には株式分割によって64.9億株，有償によって46.9億株，株式が増加している。一方，株式の併合や自己株式の

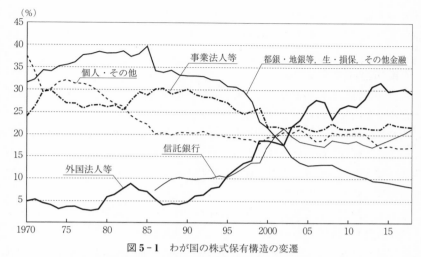

図5-1　わが国の株式保有構造の変遷

注1：1985年度以前の信託銀行は，都銀・地銀等に含まれる。
　　2：2004年度から2009年度までは JASDAQ 証券取引所上場会社分を含み，2010年度以降は
　　　大阪証券取引所または東京証券取引所における JASDAQ 市場分として含む。
出所：東京証券取引所『2018年度株式分布状況調査の調査結果について』2019年，5頁。

消却による株式数の減少は61.5億株であった。2019年に東証上場会社が株式発行によって調達した資金は約1.42兆円にとどまり，近年の傾向として自己株式の消却などで発行済株式数が減少している。これは，大企業には豊富な内部留保があるため外部資金を調達する必要がなく，株主還元として自己株式の消却などが進められているためである。

　次に，株式保有構造の変化を確認しよう（図5-1）。戦後，財閥解体により財閥の持株が市中に放出されたため，1949年に個人投資家の持株比率は69.1%に達した。しかし，国民は資金に余裕があって株式を購入したのではなかったため，直後から売却が始まり，個人の持株比率はその後急速に低下した。これらの株式の一部が買い占められたこともあり，旧財閥系企業集団による株式の相互持ち合いが進んだ。その後1960年代には戦後復興を経て資本自由化が行われた。これを契機に日本企業は外国企業による乗っ取りを恐れて「安定株主工作」を進め，事業法人や金融機関の持株比率が上昇した。

　しかし，バブル崩壊後，メインバンク制の崩壊，株価低迷によって含み益が大幅に減少し，持ち合い解消が進められ，銀行と事業法人の持株比率は低下し，

代わって外国人投資家のそれが上昇した。ただ近年，敵対的買収や「モノ言う株主」対策として，新たな持ち合いを始める企業もある。

企業の配当政策

　企業が稼得した純利益のうち，どれだけを配当金として株主に支払い，どれだけを企業内部に留保して再投資の原資とするかの意思決定を配当政策という。この政策は投資政策や資金調達政策と並ぶ代表的な財務政策の一つと見なされている。これは，配当政策は単なる余剰金の分配政策にとどまらず，内部資金調達の側面もあること，また，株主との利害対立を回避しうる配当方針を決定する重要な政策だからである。

　そもそも配当金の支払いは，株式会社が一度の航海で清算されるプロジェクトのような存在から継続企業へと進化し，期間損益が計算されるようになると，この損益を目安として開始されるようになった。工業化の進展で資金需要が旺盛となった継続企業は，再投資のための内部資金確保の必要性に迫られ，利益の一部を企業内部に留保するようにもなった。このように期間損益計算の開始と留保確保の必要性が配当政策を誕生させたと言える。

　配当水準を測る代表的な指標には配当性向，配当利回り，総還元性向がある。最も活用頻度が高いのは配当性向である。これは純利益に占める配当総額の割合を示す指標である（一方で内部留保率は，純利益に占める内部留保額の割合を示し，1−配当性向で計算できる）。配当利回りは配当金に注目した株式投資収益率で，配当金を時価で除する。この指標は，株価の割高か割安かを判断する際にも使われる。総還元性向は純利益に占める株主還元額（配当額＋自社株買い）の割合を示す指標で，自社株買いを実施する企業が使用する総合指標である。

　日本企業の配当政策において特徴的な点は，有配企業の割合が非常に大きいことである。図5−2は，1999〜2019年における日本企業（TOPIX構成銘柄）の有配企業比率を示したグラフである。対象期間における有配企業比率の最大値は2018年の93.5％，最小値は2000年の72.2％，平均値は83.0％であり，平均値に大きな変動はない。図5−3は同期間の純利益総額および平均配当性向を示したグラフである。対象期間における平均配当性向の最小値は2004年の26.0％，最大値は2009年の62.2％，平均値は44.4％となっている。2009年のリーマン・ショック後，純利益総額が急落するタイミングで配当性向が大きく

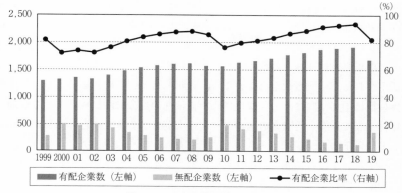

図 5-2　日本企業の有配企業比率

出所：『日経 NEEDS Financial QUEST』データより筆者作成。

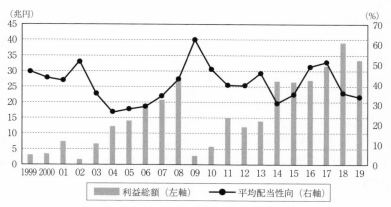

図 5-3　日本企業の利益総額と平均配当性向

出所：『日経 NEEDS Financial QUEST』データより筆者作成。

上昇しているのが特徴的である。日本企業は，金融危機や景気低迷期にも安定的な配当政策を選好する傾向があると言える。

企業の自社株買いの現状

　前節で株主還元の一環として自社株買いについて言及した。これは企業が発行した株式を，当該企業が株主から買い戻す行為のことを言い，株主に剰余金を分配する点では配当政策と同様の機能を持っている。しかし，自社株買いに

応じない株主に剰余金が分配されることはなく，取得された株式が利益消却
（株式を消滅させることをいう。買い取った株式は，資本準備金や剰余金などを取り崩
して消却する。資本金を取り崩した場合は減資となる）されれば株式数が減少する
一方，取得した自社株を新株の代わりに交付するなど，資本政策の手段として
も活用される点が配当政策とは異なる。近年，日本の上場企業による自社株買
い実施額は増加傾向にある。取得された自社株の処分方法は利益による償却，
金庫株として保有，再交付の3パターンに大別される。また自社株買いの効果
としては以下の3つが考えられる。

(1)株主還元手段の拡充：自社株買いが配当支払いに代替する余剰金の有力な
　　分配手段であることを意味している。
(2)自社株への過小評価の是正：自社株が割安に評価されているという経営者
　　側の見解を自社株購入によって投資家らに伝えることを目的としている。
(3)資本効率の向上：株主資本の額を減らしてレバレッジを効かせることによ
　　りROEを向上させる，あるいは株式数の減少によって1株当たり指標を
　　向上させることを目的とする。ROEとはReturn on Equity，自己資本利
　　益率のことである。利益額を自己資本額で除して計算され，ROEを高め
　　るには，利益を増やすか，自己資本を小さく必要がある。後者のように，
　　自己資本を小さくして負債を活用することでROEを向上させることを
　　「レバレッジを効かせる」という。これは，小さい力で大きなものを持ち
　　上げるテコの原理からきている。2019年度の日本上場企業の自社株買いは
　　10兆円を超え，自社株買いを行う企業数も急増している。

3　機関投資家の台頭

所有の分散から集中へ

　現代の先進資本主義諸国の大企業においては，1932年にバーリ・ミーンズが
明らかにした所有と経営が分離した状態になく，「所有」は機関投資家に集中
している。機関投資家とは年金基金，生損保や信託銀行，投資信託，投資顧問
などの金融機関を指す。機関投資家は，デリバティブなどの取引技術の革新に
より，実体経済をはるかに超えて成長し，その資産が投資ファンドなどを通じ
て資本市場に流入している。投資ファンドの金融・資本市場への影響はますま

す強まり，企業に対しても「モノ言う株主」として積極的に介入している。

　機関投資家の株式保有が増大しても，かつては「ウォール・ストリート・ルール」が存在した。これは，機関投資家は会社支配に関与するものではなく，議決権行使に際して会社運営に不満がなければ経営側に投票し，不満があれば所有株式を売却するという，機関投資家特有の慣行である。しかし，彼らはもはやサイレントパートナーではなく，豊富な資金量をベースに株主として台頭し，現代企業を「支配」し得る存在として台頭してきた。こうした状況は「投資家資本主義」とも言われており，1990年代後半から2000年代初頭まではその中心は年金基金であった。ところが，近年，年金基金は主役として前面に登場することは少なくなり，代わって投資顧問会社や投資ファンドが台頭し，企業を支配し得る存在になっている。

「モノ言う株主」の台頭

　1980年代後半より，アメリカでは，機関投資家のコーポレート・ガバナンスへの関与が活発化してきた。カリフォルニア州職員退職年金（CalPERS）などの公務員年金が，企業に対する「モノ言う株主」や「株主アクティビズム」として注目を集めた。そして，2000年代半ば以降，北米，欧州，そして日本でも新たな動きが見られた（コラム2参照）。それは，ヘッジファンドなどによる株主アクティビズムである。

　ヘッジファンドは大規模な年金基金と異なり，分散投資義務を負っていない。そのため，彼らが株主としてモノを言う動機は，インデックス運用を多用する機関投資家の「売れないからモノを言う」のとは根本的に異なる。ヘッジファンドの企業への要求は，増配，自社株買い，大規模な経営戦略の見直しなどによる株主価値の最大化であり，積極的に企業内部の資産を配当として払わせる，また自社株買いや従業員のリストラを要求し，株価を上げるという非常に短期的な成果を目指している。こうした株主アクティビズムは，ステークホルダーとの利害対立を起こしている。

　このように，ファンドの株主アクティビズムの目的は，第一義的に「短期的な株主価値の向上」である。具体的な要求としては，不要な会社資産の売却，余剰資金の株主還元，取締役の独立性強化，自らが推薦する役員の選任などであり，近年では大企業の M&A 戦略を主導するケースもある。また，その手

コラム 2　JR 九州と「モノ言う株主」

　アメリカの投資ファンド，ファーツリー・パートナーズは，JR 九州の株式公開時に同社株を取得した。2019年 3 月には発行済み株式総数の6.1％を保有する大株主となり，同社に複数の株主提案を提出した。主な提案は次の 3 点である。(1)駅ビル開発など不動産資源の有効活用，(2)資本構成の改善，(3)指名委員会等設置会社への移行である。ファンドが提案した株主提案はすべて否決されたが，40％を超える賛成票を集めた提案もあった。

　こうした提案が高い支持率を得た背景には，同社の外国人株式保有比率が50％を超えていること，議決権行使助言会社が自社株買いや社外取締役選任などに賛成を推奨したことが挙げられる。2019年11月に JR 九州は社債を発行して，大規模な自社株買いを行うことを発表した。この事例は，株主と他のステークホルダーとの利害対立を拡大させる可能性を示唆しており，公益事業会社のガバナンスという問題を提起している。

法は直接的な対話，株主提案，委任状闘争（委任状の取得を会社の経営陣と争うこと），あるいは買収提案など様々な方法がとられる。2019年にファンド出身者を社外取締役に迎えたオリンパスや川崎汽船は，コスト削減や資本効率の改善などを行った。こうしたファンドは企業と協力して経営改善を行う一方，株主還元を迫る傾向が強い。

「モノ言う株主」主導の M&A の増加

　2015年にアメリカダウ・ケミカルとデュポンが経営統合を発表したが，この背景にはサード・ポイントとトライアンというアクティビスト・ファンドの動きがあった。現代のファンドは，株主還元や生産性の向上を要求するだけでなく，会社分割や事業分割，M&A という企業組織が大きく変わる事柄に介入しているのである。

　まず M&A について説明する。M&A とは Mergers & Acquisitions の略で，企業の合併・統合のことである。企業の合併とは，ある企業と他の企業の法人格が一つになる組織的行為をいう。一方，企業の買収とは，ある企業が他の企業の全部ないし一部を買う行為をいう。買収の対価は，現金が払われる場合もあるが，大型買収の場合は株式を使う場合が多い。

　M&A は，買収側の企業にとって，自前の投資では到達できない高成長を実現する手段と位置づけられている。一般的に企業が高成長を目指す場合，既存事業領域における高成長領域や新規事業領域への参入が考えられ，これらを目的とした成長戦略の実現手段の一つとして M&A がある。

　歴史的には1960年から70年代に経済成長の波に乗って，多角化・コングロマリット化したアメリカ巨大企業の再編にバイアウト・ファンドや LBO（Leveroged Buy Out）ファンドが影響を与えた。バイアウト・ファンドとは，未上場企業や業績不振の上場企業などを買収して非公開化し，企業価値を高めた上で売却や再上場させて利益を得るファンドの総称である。なかでも LBO ファンドの投資手法は，買収先の資産およびキャッシュフローなどを担保に資金を調達し，買収後に買収した企業の資産売却や事業改善などを行い，改善したキャッシュフローで負債を返済するものであり，1980年代に多く用いられた。この方法では少ない自己資本で，相対的に大きな資本の企業を買収できるため，テコの原理になぞらえて「レバレッジド・バイアウト」と呼ばれた。

　これらのファンドは，コングロマリット化した大企業を TOB（Take Over Bit，株式公開買い付け）によって買収し，その後，不採算事業の売却や経営改善後に売却や再上場によって利益を得た。アメリカの KKR やベインキャピタルといったプライベート・エクイティ・ファンドのみならず，その手法を学んだ日系ファンド，さらには産業革新機構などの国策ファンドなども大規模な M&A を行っており，大企業の組織再編や業界再編も起きている。近年は，アクティビスト・ファンド（企業に対して議決権行使や対話を通じて経営方針などに影響を与えて経営を改善し，利益を得るファンド）が企業の M&A にも介入し，その効果による株価上昇で利益を上げることが多くなり，事業や業界の再編への影響も大きくなっている。

4　コーポレートガバナンス・コードと
スチュワードシップ・コード

２つのコードの意義

　2014年８月，経済産業省は「持続的成長への競争力とインセンティブ〜企業と投資家の望ましい関係構築〜」プロジェクト「最終報告書」を公表した。い

わゆる伊藤レポートと呼ばれているものである。これは，日本企業の中長期的な収益構造を確固たるものにし，そうした企業への投資を通じて資本市場でも持続的な利益を得られる好循環を生み出すことを目的としている。とくに重要な点は，非公式に行われる投資家との目的をもった対話（エンゲージメント）の実施である。これにより，企業と国内外の機関投資家との対話が推奨され，その後日本版スチュワードシップ・コード（責任ある投資家原則）（2014年）や，企業の行動指針としてコーポレートガバナンス・コード（2015年）が導入された。

　コーポレート・ガバナンス改革の中心課題は，投資家の投資収益率の向上と，ROE を高めることであった。そのため，機関投資家とのエンゲージメントや取締役会の改革，業績連動型報酬の導入などが具体的課題として挙げられた。その一環として導入されたスチュワードシップ・コードは，もともとイギリスで2010年に導入されたものである。イギリスでは，とくにアメリカの機関投資家の短期的投資により，企業経営が近視眼的になっていることが問題となり，機関投資家の行動規範の明文化が意図された（コラム 3 参照）。日本版スチュワードシップ・コードは，イギリスのコードを踏襲して作成されたが，日本の「目的をもった対話」は，閉鎖的な日本企業に社外の風を入れて，株主還元の増加や新規事業への投資，海外 M&A の実施など，中長期的な企業価値の向上や企業の持続的成長を目的としている。日本版コーポレートガバナンス・コードとスチュワードシップ・コードは，日本のインベストメントチェーンにおいて「車の両輪」と言われている（図 5-4）。

機関投資家のエンゲージメント

　エンゲージメントとは，投資家の株主権を行使して，直接的かつ柔軟に経営者の規律付けを可能にするものと定義される。経営者を規律づける方法として，1980年代のアメリカのM&A ブーム時には市場による規律付け，すなわち株価が低迷すると，買収されるリスクが高まり経営者に株価を意識させることを通じて規律づけることが採られた。

　近年では，機関投資家が株主権の行使などを通じて，投資先企業の経営により深く関与する株主アクティビズムが増加してきた。株主提案や株主総会時の議決権行使だけでなく，エンゲージメントも重視されている。

コラム 3　イギリスのスチュワードシップ・コード

　スチュワードシップ・コード（Stewardship Code）は，もともとイギリスで2010年に導入された自主規制原則である。イギリスにおけるスチュワード（Steward）とは，土地などの「執事，財産管理人」を意味し，長い歴史をもっている。他人の財産を管理する者は，その他人の利益のために行動するべきであるという意味が含まれている。

　2008年のリーマン・ショックとその後の金融危機を経験し，イギリスでは機関投資家の短期的投資が問題となった。そこで，機関投資家による資産運用について，顧客あるいは最終受益者の最善の利益のために，資産を注意深く管理し，投資先企業に対して監視や対話などを行うことが求められた。従来こうした機関投資家の責任は「受託者責任 Fiduciary Dudy」と呼ばれていたが，機関投資家の構造が複雑化している今日，受託者責任の範疇には収まらない概念としてスチュワードという用語が使われた。

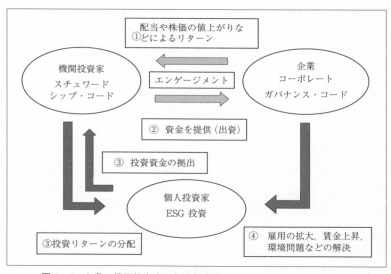

図 5-4　企業・機関投資家・個人投資家のインベストメントチェーン

議決権行使助言会社

アメリカでは1980年代後半より，日本では2000年代初頭より，年金基金などの機関投資家による議決権行使が活発になってきた。しかし，機関投資家の議決権行使に関する調査能力や体制は不十分であり，多くの機関投資家は議決権行使に関する助言サービスを利用するようになった。それが議決権行使助言会社であり，主として機関投資家を顧客としている。議決権行使助言会社は，株主総会に提出された議案に承認すべきか，否認すべきかについて助言している。世界的に活躍する議決権行使助言会社としては，アメリカの ISS（Institutional Shareholder Services），グラスルイスなどがある。

　機関投資家にとって，議決権行使助言会社を利用するメリットは，議案を精査する時間と労力の節約にある。議決権行使助言会社の利用により，機関投資家の議決権行使率が高まってきたが，一方で問題も生じている。議決権行使助言会社は，企業に対するコンサルティング業務を行っている場合もあり，利益相反が生じる可能性がある。また，委任状闘争や株主提案がされた場合，顧客である機関投資家寄りの推奨がされる場合が多く，他のステークホルダーとの利害対立が問題となる。また，議決権行使助言会社は株主権を保有しておらず，また経営者の受託者義務のいずれにも基づかず，企業に影響力を行使できる点が問題視されている。

5　ESG 投資と企業

ESG 投資とは何か

昨今，ESG 投資が話題になっている。ESG（Environment Social Governance）投資とは，環境・社会・コーポレート・ガバナンスに配慮した投資を意味する。環境問題では気候変動，社会問題では労働者の人権問題が中心課題である。そして，コーポレート・ガバナンスでは企業の内部統制，取締役会の多様性，とくに女性取締役の導入などが主な論点である。今日，機関投資家にとって環境や社会，ガバナンスに配慮した投資判断は重要な課題である。

　なぜならば ESG 要因は長期的にみて規制リスクや企業の評判リスクになり，一方で ESG 要因は，新たなビジネス機会の発見など，収益機会を得る可能性もあるためである。企業も利益追求だけでなく，その活動が社会や地球環境に

与える影響に責任をもつことが求められ（社会的責任：CSR），財務情報だけではなくこうした活動を記した非財務情報の開示も求められている。

SDGs（持続可能な開発目標）

また，SDGs（Sustainable Development Goals：持続可能な開発目標）にも注目が集まっている。2015年9月25日に開催された国連の「持続可能な開発サミット」で国連加盟国は「持続可能な開発のための2030アジェンダ」を採択した。このアジェンダは，人間および地球の繁栄のための行動計画であり，2016年から2030年での「持続可能な開発目標」として17の目標および169のターゲットが定められた。

投資家の立場からも SDGs への注目が集まっている。日本の GPIF（年金積立金管理運用独立行政法人）のような，資本市場全体に幅広く分散して運用する「ユニバーサル・オーナー」と呼ばれる長期投資家は，長期にわたる安定したリターン獲得が望まれる。そのため，投資先企業の価値が持続的に向上することが重要となる。ESG 要素に配慮した投資は，長期的にリスク調整後リターンを改善する効果が期待できることから，運用資産額の大きい機関投資家は ESG インデックスを採用するなど，SDGs に関心の高い企業に注目している。

ESG 評価と企業の開示内容

最後に，ESG 投資と SDGs 経営との関係で重要なのが，投資家と企業の「ESG 情報の非対称性」を克服するための ESG 情報の開示である。ESG 投資家にとって必要な企業情報は，長期的なストーリー性のある「価値創造プロセス」を描いた情報である。そこで，財務情報と非財務情報とを合わせた「統合報告書」の開示が望まれている。表5-1は統合報告書の内容をまとめたものであるが，日本でも統合報告書を発行する企業数は2010年頃から増え始め，2014年には100社を超え，2018年8月には464社まで増加している。

本章では，企業金融の形態とコーポレート・ガバナンスとの関係について説明した。株式会社は外部から資金を調達することにより大規模化できたが，株主が分散することで「所有と経営の分離」が生じた。これにより，エージェントである経営者が，プリンシパルである株主の意思に反して自己保身に走るな

表5-1　統合報告の主な内容

外部環境	政治経済状況，技術の変化，社会的課題，環境問題など長期にわたる時間軸において企業が事業を営む際の基礎的な外部認識と文脈
使命とビジョン	明確かつ簡潔な言葉による企業の目的と意図
ビジネスモデル	諸資本がインプットとして利用され，事業活動を通じて製品やサービスなどのアウトプットに変換その結果諸資本を再投入
リスクと機会	外部環境をモニタリング・分析し，組織，戦略，ビジネスモデルにかかるリスクと機会を特定
戦　略	企業がどのようにリスクを管理し，機会を最大化するかを表現。戦略目標と達成道筋を設定し，資源配分で実行
実　績	パフォーマンスの測定基準のモニタリング・システムの設定 KPI（Key Performance Indicator）（成果指標），企業が自らの価値観を具現化し，企業価値を高めていくための指標。KPIとその設定根拠について企業の戦略やビジネスモデルとの関係が明確かどうか。これをモニタリングするシステムを構築する
見通し	財務要素・非財務要素の相互関係を定期レビュー
ガバナンス	価値創造能力を担保し支えるための，経営に対する監督構造・仕組み

出所：長谷川直哉編著『統合思考とESG投資』文眞堂，2018年，92-93頁より作成。

どの問題が起きた。これを解決するのがコーポレート・ガバナンスの問題である。

　近年は機関投資家への株式保有が集中し，モノ言う株主として企業に様々な影響を及ぼしている。また，企業に配当金の増額や自社株買いなどの短期的な利益を追求する投資ファンドの存在も大きくなっている。一方で企業の長期的成長，とりわけESG投資への関心も高まっており，今後企業もこうした観点からSDGs経営が求められている。

参考文献

足達英一郎・村上芽・橋爪麻紀子『投資家と企業のためのESG読本』日経BP社，2016年。
小林和子『株式会社の世紀』日本経済評論社，1995年。
海道ノブチカ・風間信隆編著『コーポレート・ガバナンスと経営学』ミネルヴァ書房，2009年。
境睦・落合孝彦編著『グラフィック経営財務』新世社，2019年。

鈴木芳徳『証券市場と株式会社』白桃書房，2007年。

日本証券経済研究所編『図説　日本の証券市場　2018年版』，2018年。

水口剛『ESG 投資——新しい資本主義のかたち』日本経済新聞社，2017年。

（ さらに読み進めたい人のために ）

奥村宏『買占め・乗取り・TOB』社会思想社，1989年。

小佐野広『コーポレートガバナンスの経済学——金融契約理論からみた企業論』日本経
　　済新聞社，2001年。

加藤晃監訳『サステナブルファイナンス原論』きんざい，2020年。

手島直樹『まだ「ファイナンス理論」を使いますか？』日本経済新聞社，2012年。

柳良平『CFO ポリシー』中央経済社，2020年。

（三和裕美子）

第 **Ⅱ** 部

ファイナンスの応用

第6章

企業とリスク・マネジメント

——企業はリスクにどのように対応しているのか——

── Short Story ──

　ミネオ君は大学まで自転車で通学しています。あるとき，ミネオ君がニュースを見ていると，2018年に自転車事故が全国で8万5641件起き，8万4383人が死傷していることや，最近，自転車事故でも高額な賠償を支払わされるケースが増えていることを伝えていました。ミネオ君は，もし自転車に乗っていて事故をしたらどうしよう，そんなに高い賠償金は払えない。でも，大学まで歩いていくのは不便だなぁと考えていました。

　ミネオ君はそのことを両親に話すと，父親が「安全運転を心がけることはいうまでもないが，もし事故を起こして，誰かにケガをさせたとしても，被害者に治療費や賠償金が払えるように保険という仕組みがあるんだよ」と教えてくれました。ミネオ君はこの話を聞いて，ルールを守って安全な運転をするだけでなく，保険に加入しておけば，自転車は安心して乗れる便利な乗り物になることを理解しました。

　別の日，ミネオ君はふと毎日テレビのニュースで原油価格や為替相場のことが報じられ，毎日価格が変動していることを思い出しました。大学で経済学を勉強しているミネオ君は，これも企業の収益が増えたり，減ったりする要因になるんじゃないか，一体，企業はそれに対してどのように対応しているんだろうと疑問が湧きました。そこで，企業はこうしたリスクに対して，どのような対応をしているのか調べてみようと思いました。

　企業は様々なリスクに晒されながら，事業を行っている。たとえば，台風や大雨などの災害，火災による施設の損壊や交通事故などのリスク，そして環境汚染や品質不正，欠陥商品，企業不祥事などのリスク，さらには為替や金利などの変動といった市場リスクなどが挙げられる。こうした潜在的なリスクには軽微なものから，企業経営に大きな影響を与えるものまで様々なものがある。

　では，企業はリスクを取らずに経営ができるかと言えば，それは難しい。成長や発展にはリスクの受容が必要だからである。しかも近年，企業の大規模化・高度化に伴って，リスクの範囲やその規模は拡大・多様化・複雑化している。それに対して，企業は自身を取り巻くリスクを組織的に管理し，それが及ぼす影響を把握して，それを抑制する対策を事前に講じることにより，安定した経営をしなければならない。こうしたリスクの把握・対応によって企業価値の拡大，収益の拡大を目指す一連のプロセスをリスク・マネジメントという。

　本章では企業がどのようにリスク・マネジメントを行っているのかを説明するため，最初にリスクの定義から説明を始め，リスク・マネジメントのプロセス，さらにはリスクの処理手段として代表的な保険とデリバティブを取り上げ，その仕組みなどを説明したい。

1　リスクとは

リスクの定義

　一般的にリスクという言葉は，「危険」という意味で使われている。ただ，リスクに関する研究は，経済学や商学のみならず，工学など様々な分野で行われており，分野によってその意味は微妙に異なってくる。

　本章でいうリスクとは，確率分布上の期待値からのズレ，損失の期待値という複数の意味で用いられる。期待値からのズレとはある出来事の発生確率の分布は分かるが，実際の結果がどうなるかが分からないといった不確実な状況を指す。たとえば，日本人の20歳男性の死亡率は，厚生労働省「第22回生命表」によれば0.00045（1年間で日本人の20歳男性10万人のうち45人が死亡する）とされる。ところが，実際に10万人のうち45人が死亡するとは限らない。こうした確率分布上の期待値からのズレが大きいことをリスクが大きいという。

　また，損失の期待値とは，ある会社がAかBの地域に工場を建てようと検討

しているとする。Aでは50年に１度，Bでは25年に１度，同規模の被害をもたらす地震が起きると予想されている。この場合，損失の規模は同じだが，事故の発生確率はAよりBの方が２倍高いため，損失の期待値はBの方がAより２倍高いことになる。このように本章でいうリスクという言葉は，確率分布上の期待値からのズレ，損失の期待値という意味で用いられている。

純粋リスクと投機的リスク

　リスクを分類する方法はたくさんあるが，損失発生の可能性に注目して分類すると，純粋リスクと投機的リスクの２つに大別できる。純粋リスクとは，なんらかの出来事が起きた際，損失が発生する可能性しかないリスクを言い，投機的リスクとは，損失発生の可能性だけでなく，利益発生の可能性もあるリスクをいう。

　純粋リスクの一例を挙げれば，火災による工場の焼失は，損失発生の可能性は考えられるが，利益が生まれることは考えられない。この他にも台風，地震などによる施設の損壊や，それによって事業を中断することによる利益の減少，また，ある会社が作った製品や仕事などが原因となって，他人に損害を与えたり，負傷させた場合（たとえば，外食店の提供した食事で食中毒が起きた）の損害賠償負担などがある。

　これらのリスクは，大数の法則によって確率的分布が与えられるものが多いので，その多くは保険によってカバーできる。したがって，火災による施設の損壊には火災保険，事業中断による利益減少には企業総合保険，損害賠償負担には賠償責任保険といったように，伝統的に多くのケースで保険での対応がされてきた（最近は，純粋リスクに対応できるデリバティブ商品も開発されてきている）。

　これに対し，投機的リスクの一例としては為替変動が挙げられる。円とドルの交換レートは常に変動しており，それが１円変動すると，トヨタ自動車の営業利益は400億円変化（円高になれば営業利益の減少，円安になれば増加）するとされる（『日本経済新聞』2020年１月14日）。このように，為替変動は企業に利益をもたらすこともあれば，損失をもたらすこともある。このほかにも，原料価格の変化による利益の増減，新商品が売れるか，売れないか分からないなども投機的リスクの例として挙げられる。

　これらのリスクは，確率的に期待値を算出することが馴染みにくいものであ

表6-1　企業によるデリバティブの活用事例

区　分	取引の種類	契約額等 （百万円）	うち1年超	時価 （百万円）	評価損益 （百万円）
市場取引	商品先物取引 　売建　　小麦 　買建　　小麦	 2,934 6,018	 — —	 153 △424	 153 △424
合　計		8,952	—	△271	△271

注：時価の算定方法は，当該先物相場の終値等に基づき算定。

区　分	取引の種類	契約額等 （百万円）	うち1年超	時価 （百万円）	評価損益 （百万円）
市場取引	通貨先物取引 　買建　カナダドル	 1,079	 —	 △2	 △2
市場取引以外の取引	為替予約取引 　売建　米ドル 　　　　ユーロ 　買建　米ドル 　　　　ユーロ 　　　　日本円 　　　　英ポンド	 182 33 911 58 1 6	 — — — — — —	 △0 0 △15 △0 0 0	 △0 0 △15 △0 0 0
合　計		2,274	—	△19	△19

注：時価の算定方法は，当該先物相場の終値等及び取引金融機関等から提示された価格等に基づ
　　き算定。
出所：日清製粉グループ本社「第175期 有価証券報告書」より引用。

るため，保険での対応が難しい。したがって，企業は為替変動に対して，現地
生産や先物為替予約，通貨オプション取引などを利用し，原料価格の変化に対
しては，原料の備蓄だけでなく商品デリバティブなどを利用して対応している。
　ここで出てきた先物取引やデリバティブ（本章第3節参照）は保険と異なり，
皆さんには馴染みがないだろう。そこで，ジェット燃料を使って飛行機を飛ば
している航空会社や，小麦粉を生産する製粉会社を事例に少し簡単に説明して
おこう（表6-1）。これらの会社は原料となる原油や小麦の価格変動に加えて，
それらをほぼ輸入に依存しているため，為替変動も営業利益に影響を与える。
そこで，航空会社や製粉会社では，商品オプション取引や商品先物取引，さら
に為替予約取引や通貨先物取引，通貨オプションなどを利用して，原油や小麦
の価格や為替レートを事前に固定させることで価格や為替の変動を抑制し，収

益の変動を安定させているのである。

リスク・マネジメントとそのプロセス

　前述の航空会社や製粉会社のみならず，すべての企業は業種や規模を問わず，様々なリスクに晒されながら事業活動を行っている。当然，企業はそれを組織的に適切に管理することで，リスクや損失の回避，低減を図り，収益の向上を図っている。これをリスク・マネジメントという。

　そもそも企業におけるリスク・マネジメントは，19世紀後半にその萌芽を見たとされる。それは保険料の肥大化に対して，企業内部に保険購買部門を設置し，企業内の保険契約を管理しようとするものであった。しかし，同時期のそれは費用対効果を踏まえたものではなく，むしろ1929年の世界恐慌を転機に，それが本格的に行われるようになったのであった。

　その後，企業の大規模化・高度化に伴い，リスクも多様化・複雑化する。そのため，それまでの保険管理に代わって，損失発生頻度やその大きさの抑制を目指すロス・コントロールが導入され，その対象も保険で対応可能なリスクから価格変動リスクをも含むようになった。さらに，1990年代に大和銀行やベアリングス証券などで起きた企業不祥事を契機に，その手法も各部署による個別の管理（たとえば，コンプライアンス〔法令遵守〕リスクは法務部門，財務リスクは財務部門で管理）から，全社的視点での統合的なリスク管理（ERM）へと発展している。

　では，リスク・マネジメントはどのようなプロセスで行われるのだろう。それは，次の5つのプロセスで行われる。まず，財務データなどによる定量的な分析に加え，各部門へのヒアリングやブレーンストーミングなどの定性的な分析によって，その企業が潜在的に晒されているリスク要因の発見・特定を行う。

　次に，特定されたリスクの発生頻度や，それが顕在化することによって受ける損失発生の可能性を評価する。その方法には，シナリオ分析や，VaR（Value at Risk），モンテカルロ・シミュレーション，ストレステストなどがあり，そこでの評価を図6-1に示したリスクマップ上にマッピングし，企業が晒されているリスクを分類・整理していく。

　そして，特定されたリスクは，それぞれ処理手段を選択し，実行されるわけだが，その代表的なものは大きく2つに分けられる。1つは損失の発生確率や

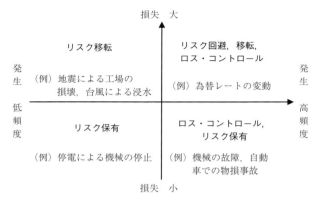

図6-1　リスクマップとリスク処理手段の選択例

予想される損害額を事前に軽減させるリスク・コントロールである。ただ，リスク・コントロールでは損失発生を完全には無くせないため，発生が予想される損失を補塡する資金を獲得するリスク・ファイナンスがある。

　また，リスク・コントロールにはリターンを放棄してでも，リスクを伴う活動を行わないリスク回避と，損失防止や損失軽減，リスクの分離・分散を行うロス・コントロールがある。後者の例としては，駅のプラットホームへのホームドアの設置による転落事故の防止や，消火器やスプリンクラー，防火扉の設置による火災発生時の延焼抑制などがある。他方，リスク・ファイナンスには，損失を保険やデリバティブなどの利用によって他者に移転させるリスク移転と，損失の一部またはすべてを自分で引き受けるリスク保有（企業内部にあらかじめ貯めておいた資金で対応）がある。企業はリスクに対して，伝統的に回避，ロス・コントロール，移転，保有の４つの手段でリスク・マネジメントを行ってきた。その一例をリスクマップで整理すると，図6-1のようになる。

　そして，処理手段が選択されると，それが実際に行われる。そして，この一連のプロセスをモニタリングし，課題が見つかればそれを見直し，さらなる有効性の向上を図った上で，再びリスク・マネジメントのサイクルが繰り返されるのである。

2　保険とリスク・マネジメント

　第1節で説明したように，純粋リスクを移転させる代表的なものに保険が，投機的リスクを移転させる代表的なものにデリバティブがある。本節では保険について，そして次節ではデリバティブについて説明する。

保険とは

　皆さんは保険というと，どんなものをイメージするだろう。自動車保険を例に挙げると，自動車の運転中に人身事故を起こして被害者を死傷させた場合，保険金を支払うという約束を事前にしておけば，実際にそれが起きたときに保険金が支払われるというものではないだろうか。

　まさに保険とはそういうもので，いつ起きるか分からない特定の出来事に対して，それが起きた場合には保険金を支払うという約束をしておき，その対価として保険期間中，保険会社は契約者に合理的に算出された保険料を支払わせる。その結果，保険事故が起きた時には保険金が支給されるため，私たちの経済的負担は軽減されるというものである。ここで重要なのは，いつ起きるか分からない出来事を対象にすることと，合理的に算出された保険料を徴収するという2点であろう。

　いつ起きるか分からない出来事というのは，そもそもその出来事が起きるか，否かが分からず，それがいつ起きるかも分からないといった予期できない出来事のことを指す。つまり，偶発性が問われるのである。たとえば，保険金をもらうために，石油を家の中に撒いて火をつけたケースで考えてみよう。家の中に石油を撒いて火をつければ，火事になることは誰でも分かることであり，原因と結果の強い必然性を理解した上で，意図して火をつけたことは明らかである。したがって，このケースはその出来事が起きるか否か分からないという条件には合致しないため，保険金支払いの対象とはならない。あくまでも保険の対象となるのは，偶然起きた事故だけなのである。

　次に，合理的に算出された保険料（ここでいう保険料は，保険金支払いの原資となる部分である）を見ていこう。保険料の計算は，給付・反対給付均等の原則（レクシスの法則）で行われる。これは，$P = wZ$（P：保険料，w：事故発生確率

〔危険率〕，Z：保険金）で示される。たとえば，20歳の男性がこれから1年の間に自分が死亡したら，1000万円の保険金が支払われる保険を契約した場合の保険料を計算しよう。この場合は被保険者の死亡が事故となる。厚生労働省の「第22回生命表」によれば，20歳男性の予定死亡率は0.00045である。したがって，wが0.00045，Zが1000万円となるので，それを入れると保険料は4500円となる。この保険料は言い換えれば，将来受け取る保険金の期待値とも言える。

　ここでwに注目してみると，wとは事故発生確率であるから，保険加入件数もしくは保険契約者のうち，保険事故に遭った件数，人数の割合である。この保険加入件数もしくは保険契約者をn，保険事故に遭った件数，人数をrとすると，給付・反対給付均等の原則は次のように変形できる。

$$P = \frac{r}{n} Z$$

　この式の両辺にnをかけると，nP＝rZとなる。この式の左辺は契約者全員から集めた保険料の合計を意味し，右辺は支払保険金の合計額となり，両者は等しいことを意味する。これを収支相等の原則という。

　給付・反対給付均等の原則，収支相等の原則で重要なことは，こうした確率計算をする上での基本法則として有名な大数の法則である。有名な事例はサイコロを6回振ったときに，1が出る確率はいくつかというものである。答えは6分の1なのだが，実際に6回振っても必ず1が1回出るとは限らないが，サイコロを振る回数を限りなく増やせば，1が出る確率は限りなく6分の1に近づくというものである。給付・反対給付均等の原則，収支相等の原則は，大数の法則に依拠したものであるため，これらを成立させるには，nを増やす必要がある。したがって，保険は同じリスクをもった人を多数加入させて，集団的にリスクに対応する必要があるのである。

　先ほどの20歳男性の事例で，収支相等の原則が満たせるのか確認しておこう。たとえば，20歳男性（10万人）が死亡した場合，1000万円の保険金がもらえる保険を契約したとしよう。この場合，1人から4500円の保険料が徴収するわけだから，左辺は10万人×4500円となり，右辺は45人（10万人×0.00045）×1000万円となって，両辺とも4億5000万円となるため，収支相等の原則を満たすことができるのである。

　また，給付・反対給付均等の原則を用いて保険料を設定すれば，保険契約者の負担は公平となる。先ほど20歳男性の生命保険料を計算したが，その際，事故発生確率として，予定死亡率を利用した。「第22回生命表」によれば，40歳男性の予定死亡率は0.00105，60歳男性のそれは0.00669と年々高くなる。つまり，リスクの高さに応じた保険料を算出できるため，保険契約者の負担は公平となるのである。

　以上を踏まえ，もう一度先ほどより詳しく保険の仕組みを考えてみよう。保険とは，いつ起きるか分からない特定の出来事に対して，それが起きた場合には保険金を支払うという約束を多くの人とし（保険団体の形成），その対価として保険期間中，保険会社は契約者には合理的に算出された保険料を支払わせる。そして，保険会社は契約者から集めた保険料をプールし，保険事故が起きた時にはそこから保険金が支給されるため，事前に約束した特定の出来事が起きても，私たちの経済的負担は軽減されるというものである。

生命保険と損害保険

　次に，生命保険と損害保険の説明を行うとともに，企業がそれをどのようにリスク・マネジメントに利用しているかを見ていこう。まず，生命保険と損害保険の法律上の定義は，前者は「保険契約のうち，保険者が人の生存又は死亡に関し一定の保険給付を行うことを約するもの」（保険法第2条8号）とされ，後者は「保険契約のうち，保険者が一定の偶然の事故によって生ずることのある損害を填補することを約するもの」（保険法第2条6号）とされる。つまり，生命保険では人の生死に関して一定の給付が行われるのに対し，損害保険では偶然事故によって生じた損害を補填するものという違いがある。

　また，日本では両者のもう一つの違いとして，被保険利益が挙げられる。被保険利益とは，保険事故の発生によって，被保険者が損害を受ける可能性のある経済的利益をいう。そもそも損害保険とは，損害填補を目的としているため，保険事故の発生によって損害を受ける可能性がなければ，保険契約の目的がなくなる。そのため，損害保険では，被保険利益の存在が必ず求められるのである。

　では，生命保険，損害保険にはどのような商品があるのだろう。生命保険には大きく3つの商品がある。まず，被保険者が保険期間中に死亡したときに保

険金が給付される死亡保険，2つ目は被保険者が保険期間満了時点で生存していれば満期保険金が給付される生存保険，最後が死亡保険と生存保険が組み合わさった生死混合保険であり，その代表的なものに養老保険がある。

　他方，損害保険商品は，様々なリスクに対応して商品が組成されているため，多様な商品が存在する。ただ，それは個人向け商品と企業向け商品に大別でき，企業向け商品の一例を挙げれば，企業財産に関する保険，賠償責任に関する保険，貨物・輸送に関する保険，工事に関する保険，労災事故に関する保険，休業に関する保険などがある。

　企業はこうした商品をどのようにリスク・マネジメントに利用しているのだろうか。たとえば，製造業の場合，工場や生産設備を保有するわけだが，火事や風水害などの災害によってこれが稼働できない，もしくは損壊するといったことが考えられよう。これに派生して，生産の中断や休業による利益の減少，さらには従業員の操作ミスによる機械の破損なども考えられる。こうしたリスクには，企業財産に関する保険が用いられる。

　また，サービス業などでは，商品棚からのモノの落下や遊具の劣化，腐食などの損傷による利用者の負傷，食中毒事故，不正アクセスなどによるネットワークの不通，情報漏洩，製造業では生産した商品を起因とする事故，建設業では工事作業の遂行に起因する事故などが考えられる。こうしたリスクには賠償責任に関する保険が利用される。

　そのほかにも，中小企業の場合，経営者の死亡や引退は経営上の転換点となる。たとえば，経営者の死亡に伴う債権者による負債の返済要求や，役員退職金の支給は企業財務に影響を与える。このため，経営者向け生命保険が利用される。一方で，従業員への福利厚生の一環として，弔慰金制度や遺族補償などが行われているが，これにも団体生命保険などが利用されている。

　こうした事故や不祥事を理由とした損失の発生，利益の減少や経営者の引退などによる費用の増加に対して，保険による填補でそれを除去，軽減し，企業が安定的に経営できるようにしておくのである。このように企業はリスク・マネジメントの一環として保険を利用しているのである。

コラム4　P2P 保険

　最近，シェアリングエコノミーを保険に応用した P2P 保険と呼ばれるものが生まれた。P2P 保険では，友達や同じリスクに対する保険に関心を持つ人たちで集団を作り，保険金を支払った分だけ保険料を集める仕組みである。本来，保険とは同じリスクを抱えた人を集め，合理的に計算された保険料を事前に徴収してそれをプールし，保険事故が起きるとそこから保険金を支払うものである。ところが，P2P 保険で最も有名なアリババが運営している相互宝では，加入者は芝麻信用スコアが600点以上の人に限られ，保険料は支払った保険金を加入者全員で均等に按分した金額を，毎月2回事後的に徴収する仕組みで，既に中国では1億人以上が加入していると言われる。

　この商品のメリットとして，透明性が高いことやモラルハザードのリスクが低いこと，柔軟に新商品を作ることもできることが挙げられる。透明性の高さは，従来の定期保険は「掛け捨て」と言われるように，損をしていると感じる人が少なからずいた。それが，この商品は支払った保険金を事後に加入者から回収する仕組みであるため，透明性が高いと思われている。また，知り合いだけで集団を作ることも可能なため，詐欺やモラルハザードのリスクが低く，既存の保険ならリスクが高くて商品化が困難なものでも，加入者が集まれば商品化できる。このため，商品開発の柔軟性がメリットとして強調されている。

　日本でも2020年に「わりかん保険」という P2P 型のがん保険の販売が始まった。これも相互宝と同様，加入者ががんと診断されると保険金が支払われ，それを事後に加入者全員で均等に負担するものである。さて，日本でも中国のように多数の加入者を集めるのか注目したい。

3　デリバティブとリスク・マネジメント

　次に，デリバティブについて説明するとともに，それを用いて企業がどのようなリスク・ヘッジをしているかを説明しよう。

デリバティブとは

　デリバティブ（派生商品）とは，株式や債券，農産物などの価格や指数（原資産）を基準にして，価格が決まると仮想した商品のことであり，それの取引を

デリバティブ取引という。デリバティブの利用方法は，リスク・ヘッジを目的とするもの（ヘッジ取引）だけでなく，将来の価格変動による利益獲得を目的とするもの（投機取引），ある商品の価格が複数の市場で異なるときに，無リスクでの利益獲得を目的とするもの（裁定取引）などがある。こうしたデリバティブの代表的な取引には，先物（先渡）取引，オプション取引，スワップ取引がある。以下では，それぞれの取引を説明していこう。

先渡取引と先物取引

　私たちが通常モノを買うとき，買いたい商品とそれを買うために必要なお金（時価）を同時に交換している。これを現物取引というが，これに対して先物（先渡）取引は，ある商品を将来のある日に，現時点で取り決めた価格，数量での取引を約束するのである。つまり，現物取引と先物，先渡取引は，契約を現時点ですることは同じだが，いつ商品とお金を交換するか（これを決済という）が異なるのである（図6-2参照）。

　先物（先渡）取引は，歴史的に先渡取引から始まる。たとえば，第1節で例として挙げた製粉業は，原料となる小麦を仕入れて小麦粉を作るわけだが，小麦の価格は天候や天災などにより変動するため，仕入価格の変動リスクを負うことになる。しかし，小麦粉の値段は簡単には変えられないため，仕入価格が高騰すれば収益を悪化させる要因となる。そこで，今，半年後に小麦10トンを30万円で買う契約し，半年後に小麦10トンを現物市場で買うときの価格が35万円になろうが，25万円であろうが30万円で買うことができれば，収益は安定する。他方，農家にとっても収穫前に小麦の価格を固定できれば，予定通りの収入を得られるようになる。そこで，生産者と流通業者や製造業者などは，お互いが合意した取引条件（価格や取引量，決済日）で取引を始めた。これが先渡取引の始まりである。したがって，先渡取引の取引条件は，売り手と買い手が合意すれば自由に決めることができるのである。

　このような経緯もあり，先渡取引では決済日に必ず商品の受け渡しが行われるのである。ところが，なかには決済に応じない仲買人（買い手）もいた。そして，円滑に取引の相手方を見つけるためには参加者を増やす必要があるが，各参加者（売り手と買い手）の事情で取引条件を決めていたのでは，取引が円滑に成立せず，参加者がなかなか増えない。そこで，取引期間や品質，取引量，

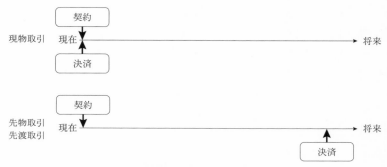

図6-2　現物取引と先物，先渡取引の流れ

呼値（価格）などの取引条件を標準化し，かつ取引を1ヵ所に集中させれば参加者が増えるのではないかと考えられた。こうして先物取引が生まれた。

　したがって，先物取引はすべて取引所で行われ，その条件も CME（シカゴ・マーカンタイル取引所）で行われている小麦先物であれば，取引量は5000ブッシェル（約136トン）を1単位とし，決済月も7月，9月，12月，3月，5月と定められている。また，取引参加者を増やすためにはそれを必要とする人だけでなく，価格変動による利益獲得を目的とした投機者の参加も必要となる。そこで，先物取引では，最終取引日までの間に当初に行った取引と反対の売買（反対取引）を行い，購入価格と売却価格の差額だけを受け渡す差金決済も認めたのである（商品先物の場合は商品の受け渡しによる決済もできる）。

　ただ，先渡取引で問題となった決済に応じない参加者の存在は，他の参加者に迷惑となる。そのため，先物取引では，決済に応じない参加者がいた場合，それに代わって取引所が約束どおり決済に応じる仕組みを備えるとともに，約束を守らせるため想定元本に対して一定の現金や有価証券を差し入れさせる証拠金制度も設けられたのである。このように，先渡取引と先物取引はある商品を将来のある日に，現時点で取り決めた価格，数量での取引を約束するのは同じだが，両者の違いは(1)相対取引か取引所取引か，(2)差金決済が可能か否か，(3)証拠金が必要か否かにある。

　先物，先渡取引の仕組みは以上のようになるが，それらは次のように使われる。先ほども少し触れたが，半年後に小麦10トンの購入予定があるが，小麦の値上がりが予想されている場合，逆に半年後に収穫した小麦10トンを売る予定

があるが，小麦の値下がりが予想されている場合，先物，先渡取引で半年後の小麦の購入価格を決めておけば（前者の場合は買っておく，後者の場合は売っておく），小麦の価格変動リスクから解放される。そうすれば，買い手にとっては原料の価格が固定でき，売り手にとっては販売価格が固定できるため，それぞれの経営が安定する。こうした利用がされている。

オプション取引

　次に，オプション取引を見ていこう。オプションと聞くと，旅行会社で海外旅行を申し込んだとき，「オプションで空港までの送迎が付けられますよ」と言われたことはないだろうか。送迎が必要なら追加料金を払って頼めばよいし，必要ない人は頼まなくてもよいというように，好きな方を選べるというものである。

　オプション取引も同様で，オプション取引とは，ある商品を将来のある日に，現時点で取り決めた価格，数量で取引しようとするものであるが，満期日に買い手が取引を履行するか，否かを選択できる権利を取引していると理解すればよいだろう。したがって，現時点で決めた取引条件で，決済を将来に繰り延べる点は先物，先渡取引と同じだが，先物，先渡取引は満期日には必ず決済しなければならないのに対し，オプション取引は満期日に買い手が決済するか，否かを決められる点が異なるのである。

　この取引には2つの種類がある。それがコール・オプションとプット・オプションである。コール・オプションはあらかじめ決めた価格で商品を買う権利を売買するのであり，プット・オプションはあらかじめ決めた価格で商品を売る権利を売買するのである。したがって，ある商品を買う予定はあるものの，値上がりが予想される場合はコール・オプションを買い，ある商品を売る予定はあるものの，値下がりが予想される場合はプット・オプションを買っておけば，価格変動リスクから解放される。当然，権利を買うわけだから，それに対する対価が必要となる。それがプレミアム（保険料のようなもの）である。

　オプション取引では，買う権利や売る権利を売買するわけだが，買う権利を買う人がいれば，売る人もいなければ取引は成立しない。つまり，買う権利を買う人，売る人，売る権利を買う人，売る人がいるのである。先ほど，オプション取引は満期日に買い手が決済するか，否かを決められると述べたが，で

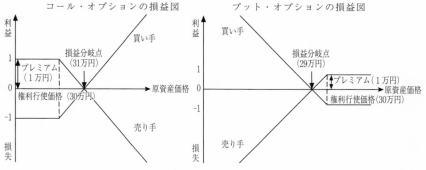

図**6-3**　オプションの損益図

は買う権利，売る権利を売った人はどうなるのだろうか。

　買う権利を売った人は，買う権利を買った人が満期日に決済を希望すれば，市場で売買されている現物の値段がいくらであろうと，あらかじめ決めた値段で商品を買い手に売らなければならない。他方，売る権利を売った人は，売る権利を買った人が決済を希望すれば，あらかじめ決めた値段で買い手から買い取ってあげなければならない。したがって，オプションの買い手は，市場で現物を買う（売る）方が得な場合は決済を希望せず，市場で現物を買う（売る）より，オプション取引の方が安く買える（高く売れる）のであれば，決済を希望する。そのため，オプションの買い手は損失を限定できる一方で，利益は無限となるのに対し，売り手の利益は限定される一方で，損失は無限となるのである（図6-3）。つまり，オプションの売り手はリスクが大きいのである。

　さて，オプション取引はどのように使われるかと言えば，先物取引のときと同じく，半年後に小麦10トンの購入予定があり，現時点では小麦10トンの価格が30万円だったとする。ところが，小麦の値上がりが予想されている場合，プレミアム（仮に1万円とする）を支払って，半年後に小麦10トンを30万円で買えるコール・オプションを買っておけばよい。逆に半年後に収穫した小麦10トンを売る予定があるが，小麦の値下がりが予想されている場合は，プット・オプションを買っておけばよい。

　もし，このコール・オプションを買っていた場合，半年後の小麦10トンの価格が35万円であれば，オプションを行使すれば4万円｛35-（30＋1）｝安く小麦が買える。逆に，小麦の価格が25万円であれば，オプションを行使するより

も現物を買った方が安いため，オプションを行使しなければよい。このように，オプション取引の場合，現物市場で小麦を買った方が安い場合は，プレミアム分は損をするがオプションを行使しないという選択ができるのである（図6-3）。

スワップ取引

　最後にスワップ取引を説明しよう。スワップは一言でいえば「交換」である。スワップ取引では金利が交換される。同じ通貨で固定金利と変動金利を交換するものを金利スワップ，異なる通貨のそれを交換するものを通貨スワップという。

　たとえば，A社とB社は銀行から5年間，1億円借りており，金利はA社が2.0％の固定金利，B社は変動金利（現時点では1.5％）で借りていた。A社は今後金利が下がると予想していて，変動金利にできないかと考えている。他方，B社は今後金利が上がると予想して，固定金利にできないかと考えていたとする。借り入れている金額と期間が同じことから，B社がA社の銀行に払う2.0％の金利をA社に払い，A社がB社の銀行に払う変動金利をB社に支払う契約をする（実際は差額分を支払う）。そうすれば，実質的にA社の借入金利を変動金利に，B社のそれを固定金利に変えることができる。

　企業を取り巻くリスクには，火災や事故といった確率的分布が与えられているものもあれば，為替や金利，商品価格の変動といった投機的なリスクもある。企業にとってこれらのリスクは，収益に大きく影響するため，リスクが現実化したときの損失をできる限り小さくしなければならない。そのための管理手法をリスク・マネジメントという。

　リスク・マネジメントは(1)リスクの特定，(2)リスク評価，(3)リスクの分類・整理，(4)リスク処理手法の選択，(5)リスク処理手法の実施のプロセスで行われ，その処理手法にはリスク・コントロールとリスク・ファイナンスがある。リスク・コントロールにはリスク回避やロス・コントロールがあり，リスク・ファイナンスにはリスク保有，リスク移転があり，伝統的にリスク・マネジメントは，この4つの手段が採られてきた。

　リスクの移転に注目すると，確率的分布が与えられているリスク（純粋リス

ク）は，その多くで保険商品が提供されているため，企業は保険を利用してそ
れに対応してきた。他方，投機的リスクは保険での対応が難しいため，デリバ
ティブなどが利用されてきた。このように，企業はリスクを把握し，リスク回
避やロス・コントロール，リスク保有，リスク移転の４つの手段を通じて，リ
スクが現実化してもできる限りその損失を最小化しようとしている。

　昨今，企業を取り巻くリスクが多様化，複雑化する一方で，企業価値の維持，
増大を目指すにはリスク・マネジメントの重要性が高まっている。本章では基
礎的なことを述べたにすぎない。以下の「さらに読み進めたい人のために」で
示した書籍も読み，さらなる知識を修得してほしい。

参考文献

S.E. ハリントン，G.R. ニーハウス著（米山高生・箸方幹逸監訳）『保険とリスクマネジ
　　　メント』東洋経済新報社，2005年。
大谷孝一編著『保険論［第３版］』成文堂，2012年。
李洪茂『リスク・マネジメント論』成文堂，2019年。

さらに読み進めたい人のために

米山高生『物語（エピソード）で読み解くリスクと保険入門』日本経済新聞出版社，2008年。
柳瀬典由・石坂元一・山﨑尚志『リスクマネジメント』中央経済社，2018年。
　＊上記２冊は，保険やリスク・マネジメントの入門書として，身近な事例や具体例を
　　用いて解説している。
出口治明『生命保険入門　新版』岩波書店，2009年。
中出哲・中林真理子・平澤敦監修，損害保険事業総合研究所編『基礎からわかる損害保
　　　険』有斐閣，2018年。
ニッセイ基礎研究所『概説　日本の生命保険』日本経済新聞出版社，2011年。
　＊上記３冊は，生命保険や損害保険について，体系的に解説している。
ジョン・ハル著（三菱 UFJ モルガン・スタンレー証券市場商品本部訳）『ファイナン
　　　シャルエンジニアリング』金融財政事情研究会，2016年。
　＊デリバティブ業務やその理論について詳細に解説している。

（深見泰孝）

第7章

企業金融と中央銀行
――日銀が金利を下げると，企業は借入れを行うか――

— Short Story —

　ミネオ君は就職先として金融機関を希望していました。しかし，最近は公務員もいいかなと思っています。あるとき，日本銀行についての疑問が出てきました。日本銀行に就職するためには公務員試験を受ける必要があるのだろうかと。ミネオ君はまず日本銀行のホームページを見てみました。そこには金融政策に関する難しいことが掲載されていました。

　それでもミネオ君はあることに気が付きました。それは，日本銀行の URL が，https://www.boj.or.jp/　だということです。政府機関を表す go.jp ではないのはどうしてなんだろう。アベノミクスの三本の矢の1番目は「大胆な金融緩和」で，それは政府の政策であるだろうとも思いました。そう言えば，大学の授業で日本銀行の株（出資証券）は，証券取引所（ジャスダック市場）に上場されているということを聞いたことを思い出しました。ミネオ君は，中央銀行とは何なんだろう，金融政策と景気との関係はどうなっているんだろうかということについて，少し興味が湧いてきました。

　2008年9月のリーマン・ショック以降，先進諸国の中央銀行は非伝統的ないしは非標準的と呼ばれる金融政策を採用せざるをえなくなった。これらは基本的に超金融緩和政策であり，これにより経済全体を下支えすることを目的としている。その裏側には為替の引下げ競争や株式等の資産価格上昇といった目的もあるが，最も正統的にはこれにより企業の設備投資・運転資金（これに加えて個人の住宅ローン等）といった資金需要を喚起することをねらいとしている。近年の先進諸国の中央銀行の金融政策は，歴史的に見ても異例のものであり，それを理解することは専門家以外では非常に難しいものとなってきている。

　そこで本章では，中央銀行の金融政策と企業金融の関係について，平時（通常時）のそのメカニズムを高度成長期の日本の姿を中心に説明した後に，それが金融自由化の進展とともにどのように変化していったか，1990年代末の金融危機対応としてのゼロ金利政策，量的緩和政策さらにはアベノミクスの一環としての異次元緩和政策が何故にどのようにして採用されていった等について以下で説明したい。

1　中央銀行の金融政策

平時の金融政策

　金融政策とは，国の経済政策のうち財政政策と並んで最重要のものであるが，その遂行主体は政府そのものではなく，国会の議決をもって行われるわけでもない。日本の場合は日本銀行法という特別法により設立された認可法人である日本銀行により行われている。この日本銀行は中央銀行と呼ばれる。財政政策の場合は，租税政策で明らかなようにそれは権力的強制力を持っており，脱税は法律により罰せられる。一方，金融政策の遂行主体である日本銀行にはそのような強制力はないし，その行っていることは預金・貸出業務や債券等の売買業務等の銀行（金融）業務（ただしその相手方は基本的に銀行等の金融機関のみ）であり，国家権力の発動そのものではない。

　中央銀行とは，基本的には銀行業務を行うことにより市場金利を操作し景気の調節を行う機関である。景気が過熱気味で物価上昇等が懸念される場合においては，市場金利を引き上げることにより景気過熱を抑制し，景気が悪化している場合においては，市場金利を引き下げることにより景気を下支えすること

を目指して活動している。

　その金融政策の手段として一般的に言われてきたのが，(1)金利操作（政策金利の操作），(2)公開市場操作（債券等の売買操作），(3)預金準備率操作である。中央銀行は，これらの操作により，民間銀行の貸出や企業による資本市場における資金調達に影響を及ぼすことを期待している。ただしこれらの手段を用いて行う金融政策であるが，金融引締政策と金融緩和政策には，その効力に違いがあることが従来から指摘されてきた。それは「金融政策は紐であって棒でない」という言葉に表されているように，政策金利の引上げのような引締政策は，民間銀行の貸出態度や企業の資金需要に非常に大きな効果を及ぼす（紐で引っ張るような効果）。一方で，政策金利の引下げのような緩和政策は，それによりその効果が発現するかどうかは（紐では棒のように物を押し上げることはできないから）分からないということである。

　金融緩和政策の効果が不確かであることについては，「馬を水場に連れていくことはできるが，馬が水を飲むかどうかは分からない」という言われ方がなされることもある。これは，金融政策でできることは金融緩和状態を作り出すこと（馬〔民間銀行や企業〕を水場に連れていくこと）であるが，だからと言って市中銀行や企業が中央銀行が期待しているような積極的な行動をとるかどうかは不確定であるということである。

高度成長期の金融政策と企業金融

　ここで高度成長期（1950年代半ばから1970年代初めまで）の日本における金融政策と企業金融の関係について確認することとする。まず最初に確認しておくことは，この時期においては，民間銀行は自由に金利を決定することができなかったということである。これは1947年に制定された臨時金利調整法という法律に基づくもので，これを基本とする規制金利体系ができあがっていた。そしてこの規制金利体系の頂点にあったのが，日本銀行が民間銀行に貸出を行う際の金利である公定歩合であった。

　日本銀行が金融を引き締めたいと考えた際には，公定歩合の引上げが行われ，それとほぼ同時期に預金金利等の市中金利が引き上げられた。これにより銀行の貸出行動や企業の資金需要が不活発化することが期待され，公定歩合の引下げの際にはその逆のことが期待されたのであった。

　ここで公定歩合操作には，コスト効果とアナウンスメント効果があるとされた。コスト効果とは，日本銀行が民間銀行に貸し出す際の金利（公定歩合）が引き上げられるとするならば，それは民間銀行の支払利息の増加（引き下げられる場合はその逆に減少）することをいう。そしてさらに重要なことは貸出に積極的な銀行は，後に説明するインターバンク市場において借入れを行うわけであるが，この金利が引き上げられる（引き下げられる）ことがコストに大きく影響するのであった。一方，アナウンスメント効果とは，公定歩合の引上げは，日本銀行の金融引締め方針（引下げはその逆の緩和方針）を示すことによる効果のことをいう。

　この他，預金準備率の引上げは金融引締め，引下げは金融緩和を示すものと理解されていたが，この時期において有効であったのは，当時からこれはオーソドックスな政策ではないと言われていた銀行の貸出増加額の直接的な規制（窓口指導）であった。

　この窓口指導が用いられたのには高度成長期の金融構造が大きく影響していた。当時の金融構造の特徴は，一般的に(1)オーバーボロウイング，(2)オーバーローン，(3)間接金融の優位，(4)資金偏在とまとめられるが，以下ではそれを説明することとする。

　まず(1)のオーバーボロウイングとは，「企業の借り過ぎ」を意味するが，高度成長期の日本の大企業は収益性が好調であったことから，その資金需要は非常に強く，自己資本比率が低くなるまで借入れを行ったことを指す。(2)のオーバーローンとは，この大企業の資金需要は，大手の都市銀行に集中し，都市銀行もこれに応じたことから，そのバランスシートの構造は，負債である「預金」よりも，資産である「貸出金」の方が多くなっていたことを指す。(3)の間接金融の優位とは，この時期の大企業の資金需要が都市銀行への借入需要へと集中したのは，資本市場が未発達であったことから，そこを通じる資金調達（直接金融）が難しかったことを指す。そして(4)の資金偏在とは，預金以上に貸出を行っていた都市銀行は，銀行間の短期の資金調達の場であるインターバンク市場において，地方銀行等から借入れを行わざるをえず（この他に日本銀行からも借入れを行っていた），この状態が恒常化していたことを指す。このような金融構造の下では，通常の金融政策手段をもっては金融引締効果が効きにくかったため，前記の窓口指導による直接的な貸出規制が用いられたのであった。

2　金融自由化の進展と金融政策・企業金融

金融自由化の進展

　日本経済は，1970年代には低成長・安定成長と言われる時期へと変化した。
それは当然のことながら金融構造にも大きな影響を与えた。まずは世界経済の
構造変化は，1971年8月のニクソンショックによりブレトンウッズ体制（米当
局による金とドルの交換と固定為替相場制［1ドル＝360円］）が崩壊し，その後のス
ミソニアン体制（再建固定相場制［1ドル＝308円］）も早期に崩壊したことから，
固定相場制から変動相場制へ移行したことが大きなものであった。すなわちそ
れまでの為替が動かない世界から為替が動く世界へと変化したのである。これ
に伴い，金利変動もそれ以前よりは大きなものとなった。

　このような構造変化は，それ以前の規制金利体制を突き崩す方向のエネル
ギーとなり，世界的に金融自由化が進展することとなった。また，1973年秋の
第1次オイルショックは，日本経済の高度成長をストップさせる契機となった
のであった。日本において国債発行が再開されたのは，東京オリンピック後の
不況に見舞われた1966年のことであり，その後は基本的に国債発行は継続する
わけであるが，再開時においてはその発行方式は銀行，証券会社等の民間金融
機関による引受シンジケート団（シ団）による方式とされた。ただし，募集の
取扱い（一般への販売）が可能とされたのは証券会社のみであった。銀行は，
国債を引き受けるのみで販売も保有国債の売却も大蔵省により禁止されていた。
しかしながら，発行後1年経過した国債は日本銀行による買いオペレーション
により買い上げられたことから，大きな不満は生じなかった。

　しかしながら1973年秋の第1次オイルショックは，この環境を破壊すること
となった。不況対策から国債発行額は1975年以降急増することとなり，銀行の
引受負担は大変に重いものとなった。日本銀行のオペによる吸収には限界があ
り，銀行による国債の売却制限の撤廃が要請されることとなった。大蔵省は，
1977年には発行後1年経過した国債については売却を容認せざるをえなくなり，
ここに国債の流通市場が誕生した。さすがの大蔵省も流通市場における売買価
格（金利）をコントロールすることはできずに，ここに国債流通市場という自
由金利市場が誕生したのであった。当然のことながら，流通市場で形成される

金利は，新規国債の発行条件にも大きな影響を与えることとなり，シ団に対して市場実勢からかけ離れた発行条件の提示を大蔵省はできなくなっていった。

　また，現先市場（債券の買戻しまたは売戻し条件付き売買市場：現物・先物の意味であり，債券の買戻しの場合，売り手は買戻しまでの期間の資金が調達できる）は短期資金の運用・調達の市場として1960年代の後半以降，自然発生的に成長してきていたが，国債発行の急増もあり急拡大した。これは自由金利市場であり，規制金利の定期預金からの資金流出（とくに法人預金）が発生した。これへの対抗措置として1979年に銀行に認められたのが初めての自由金利預金である譲渡性預金（CD）であった。一方，証券会社においては，この時期に国債消化促進のために発行が開始された中期国債（2・3・4・5年物）を組み入れる投資信託（中期国債ファンド）が開発され，1980年から発売されたが，この金利も臨時金利調整法の適用は受けなかった。

　日本の金融自由化を進展させたのは「2つのコクサイ化」の影響が大きかったといわれている。1つ目のコクサイ化は，前記の「国債化」であるが，もう1つのコクサイ化とは「国際化」のことである。金融の国際化は，日本の金融機関の海外展開から始まったが，その一方で外国の金融機関の日本における活動に制限があることに対する不満が高まってきていた。1983年にはレーガン米大統領が来日し，日本金融市場の開放を要求し，それを検討する目的で「日米円ドル委員会」が設置され，同委員会の報告書は1984年5月に公表された。大蔵省は，これに合わせて「金融自由化の国際化についての現状と展望」を発表し，金融自由化のスケジュールを公表した。

バブルの形成と崩壊

　1980年代は，預金金利の自由化等の金融自由化が進展したが，この時期は企業金融においても大きな変化があった。高度成長期においては大幅な資金不足部門であった法人企業部門は急速にその資金不足額を縮小させていった。また，大企業においては資金調達は，時価発行増資の拡大や社債市場の規制緩和等もあり，銀行借入から証券市場を通じるものへと変化し，証券市場からの調達の一方で銀行借入を返済する動きも見られた。

　そしてレーガン政権による政策ミスもあり財政赤字と貿易赤字の「双子の赤字」に苦しんでいたアメリカの主導により，1985年9月に「プラザ合意」が成

立した。この合意は，国際協調によりドル安を目指したものであり，円高不況への対応もあり，日本銀行は1986年中に４回の公定歩合の引下げを行い３％とした。ドル相場は1987年になるとさらに下げたことから２月には「ルーブル合意」が成立し，ドル安誘導をこれ以上は行わないこととした。そして「ルーブル合意」の翌日に，公定歩合は日本銀行創設以来の低水準の2.5％まで引き下げられた。

　その後，同年秋には日本銀行は景気過熱への警戒感から短期金利の高め誘導を開始したが，この段階で10月19日のニューヨーク市場の株式相場等の大暴落，いわゆる「ブラックマンデー」が発生した。これもあり日本における金融引締めへの転換は遅れることとなった。そしてこの当時としては超低金利と捉えられていた状況下において発生したのが資産価格バブルであった。前記の通り大企業の資金調達意欲は減少し，資金を調達する際においても証券市場経由となっていく流れとなっていったことから，銀行は，都市銀行を先導として，非製造業，中小企業，個人等に対する貸出を積極化させていった。そしてそれは結局，需要を無理やり作り出すような方向（地上げ融資・財テク融資・変額保険関連融資等）へと向かい，そのことが資産価格（株価・地価等）バブルを激化させていった。

　このバブルの急膨張は，日本銀行においても政府においても問題とせざるをえない状況となり，日本銀行は1989年５月に公定歩合を0.75％引き上げ3.25％として以降，矢継ぎ早に数次の引上げを行い，1990年８月には６％とした。このような金融引締めへの転換により，1990年初以降株価は値下がりに転換することとなった。また，政府（大蔵省）による土地関連融資の規制強化により，地価も1990年末をピークに下落傾向を強めることとなり，資産価格バブルは崩壊へと向かっていった。

　バブル崩壊の過程は，投機を行っていた企業の経営悪化や倒産となって顕在化したが，それらへの融資を行っていた銀行等の金融機関における不良債権の急増，経営悪化へと結び付いていった。企業金融面から見ると，高度成長期にあっては大幅な資金不足であった法人企業部門は，バブル期に一時的に資金不足幅は拡大したものの，バブル崩壊以降は急速に不足幅を縮小し，1990年代半ばには資金余剰部門へと転換し，1998年以降は大幅な資金余剰部門へとなっていった（第１章の図１-２参照）。これには保有資産（土地・有価証券等）の価格下

落のために，本業自体は好調である企業においても新規投資に慎重となり，まずは債務返済を優先し，そのバランスシートを健全化しようと行動した影響も大きかった。

　不良債権の増加により，かつては不倒神話さえ存在していた金融機関も1990年代に入って以降，倒産が頻発するようになっていった。そのピークとなったのが，1997年秋の都市銀行の北海道拓殖銀行の破綻，および証券会社における大手４社の一角であった山一證券の破綻であった。また翌98年秋には大手の長期信用銀行３行のうちの２行（日本長期信用銀行・日本債券信用銀行）が破綻した。これらの２行は，破綻直前に成立していた「金融再生法」による特別公的管理により処理された。危機対応制度の整備により，金融パニックの拡大は防ぐことはできたが，その後の銀行界においては本格的な金融再編成が進展した。これはそれ以前の６大企業集団の中核行２行（第一勧業銀行・富士銀行）と長期信用銀行トップ（日本興業銀行）の合併から始まり，今日の３メガバンク体制（みずほＦＧ・三菱ＵＦＪＦＧ・三井住友ＦＧ）が形成されることとなった。また，３メガバンク（持株会社）等は，傘下に証券会社や信託銀行を有するようになっていった。

3　超低金利下の金融政策・企業金融

「ゼロ金利政策」と「量的緩和政策」

　高度成長期における規制金利体系の中心には公定歩合があったが，それはコールレートを常に下回っていた。これが1990年代における公定歩合の引下げの過程で，期間１日（オーバーナイト）の無担保コールレートが逆に公定歩合を下回るようになった（1995年７月以降）。これは，日本銀行が無担保コールレート（オーバーナイト物）を誘導するオペレーション（債券等の売買操作）を通じて金融市場調節を行うようになったことを意味する。この段階において，日本銀行の政策金利は公定歩合から無担保コールレート（オーバーナイト物）に変更されたのである（公定歩合という名称自体も2006年８月以降は用いられなくなった）。

　そして日本銀行は，この新たな政策金利としての無担保コールレートをゼロ近傍に誘導するという「ゼロ金利政策」を1999年２月から採用した。これは金融危機等から国内景気が落ち込み，消費者物価の前年比上昇率がマイナスとな

るといった状況に対応したものである。具体的には準備預金制度が要求する準備額（所要準備：当時約4兆円）を1兆円上回る準備額（超過準備）を供給することにより達成された。これは通常必要とされる準備額以上の準備が日本銀行から供給されることにより，銀行間（コール市場）で資金を調達しようという銀行が少なくなり，結果としてレートがゼロ近傍となるということであった。この時期の銀行は超過準備を保有しようとせず，超過準備分は準備預金制度の適用対象ではない短資会社（短期金融市場における仲介金融機関）等に滞留していた。このような超過準備はブタ積み（ブタは花札における最も弱い点数であり，ここでは無意味ということ）と呼ばれた。

　なお，日本銀行はこの「ゼロ金利政策」の解除までの目処として，「デフレ懸念の払拭が展望できるような情勢になるまで」という発表を行い，これは「時間軸効果」（後に一般的にはフォワード・ガイダンス）と呼ばれた。これは金利の期間構造（短期金利から長期金利までがどのような金利構造——イールドカーブ——となるかということ）についての期待理論に基づいたものであった。この期待理論を単純化して言えば，「現在の長期金利は，現在から将来までの短期金利（期待）の平均により決まる」というものである。「将来の短期金利を低いままにしておく」というコミットメントは，現在の長期金利を引き下げることになるという緩和効果を狙ったものであった。

　ただし当時はこうした金利をゼロとする政策は，非常に異例なものと捉えられていたことも事実であり，日本銀行としてはその解除時期を探り，2000年8月にはこれを解除したが，この決定には政府や緩和推進派の経済学者や政治家等（いわゆるリフレ派）からは大きな反対があった。

　「ゼロ金利政策」の解除後に，ＩＴバブルの崩壊があり景気は悪化することとなったことから，日本銀行の同政策の解除への批判が高まることとなった。結局，日本銀行は2001年3月に「量的緩和政策」を採用した。この政策は，金融市場調節の目標を短期金融市場金利（コールレート）から日銀当座預金残高へと変更し，所要準備を超える額の超過準備を供給することとした。目標額は，当初は5兆円（当時の所要準備額は4兆円）であったが，目標額は段階的に引き上げられ2004年1月には30～35兆円にまで引き上げられた。結果として，短期金融市場金利はゼロとなり，市場の取引額は急縮小した。この超過準備の供給は，長期国債等の債券の買入により行われた。

・仮定：1国に同規模のAおよびBの2銀行のみが存在。預金準備率10%。中央銀行券は民間非銀行部門のみが保有。

	A銀行		
（資　産）		（負　債）	
準備預金	100	中銀信用	100
国　債	300		
貸出金	700	預　金	1,000

	B銀行		
（資　産）		（負　債）	
準備預金	100	中銀信用	100
国　債	300		
貸出金	700	預　金	1,000

	中央銀行		
（資　産）		（負　債）	
対銀行貸出	200	準備預金	200
国　債	300	銀行券	300

⇒中央銀行が国債100をA銀行から購入（買いオペレーション）：この段階で「準備預金②」（100）は超過準備

（変化なし）

（資　産）		（負　債）	
準備預金①	100	中銀信用	100
準備預金②	100		
国　債	200	預　金	1,000
貸出金	700		

（資　産）		（負　債）	
対銀行貸出	200	準備預金	200
国　債	300 ⇒400	銀行券	300

⇒A銀行貸出実行（100）＝預金設定（100）　A銀行の預金1100（所要準備110）

（変化なし）　　　　　　　　　　　（変化なし）

（資　産）		（負　債）	
準備預金①	100	中銀信用	100
準備預金②	100		
国　債	200	預　金	1,000
貸出金①	700		
貸出金②	100	預　金②	100

⇒A銀行の貸出を受けた顧客（甲）がB銀行の顧客（乙）に小切手で支払い乙は預金口座に入金

手形交換によりA銀行の準備預金は減少し，B銀行の準備預金は増加する

（資　産）		（負　債）	
準備預金①	100	中銀信用	100
国　債	200		
貸出金①	700	預　金	1,000
貸出金②	100		

（資　産）		（負　債）	
準備預金	100	中銀信用	100
国　債	300		
貸出金	700	預　金	1,000
準備預金②	100	預　金②	100

（変化なし：準備預金の構成は変化）

⇒A銀行だけを見ていると供給された準備預金が貸出金②に変化したように見えるが，供給された準備預金②はB銀行にあり総準備預金は300で変化なし

A銀行が貸出で創造した預金②もB銀行に移転しているだけである。なお，平時においては中央銀行は90の超過準備を売りオペ等で吸収し，超過準備をゼロとする。

図 7-1　買いオペレーションによる準備預金供給

　ここで期待されたのは，このような緩和措置により企業金融等が活発化することであったが，その政策効果は明確なものとはならなかった。確認すべきことは「量的緩和政策」により増加した準備預金は，そのまま使用されるわけではないということである。あくまで貸出は預金設定により行われる。すなわち貸出増＝預金増となる。もちろん貸出を行った銀行から資金が流出すれば，その銀行の準備は減少し，一見したところ準備預金が使用されるように思われるかもしれないが，流出した準備は他の銀行の準備増（＝預金増）となっているわけであり，それによりマクロ的な準備（同様に預金）が減少しているわけではないのである。それでも準備率規制上は所要準備（現状，預金準備率は約1％であるため預金増により1％程度増加する：預金準備率を10％と仮定した簡単な説明については図7-1参照）が足りなくなることはないということが重要なのである。そして本来的に期待されているのはこのことなのである。しかし馬を水辺に連れて行っても（金融緩和をしても），馬は水を飲もうとしない（資金を借りようとはしない）のである。ここで重要なのは，企業に健全な資金需要が存在しないことであり，それはバブル崩壊後において今日まで継続している。より根本的には金利低下の限界により採用された量的緩和に金融緩和効果が本当にあるのかということが問題とされるべきかもしれない。

　「量的緩和政策」は，その効果の発現というよりは経済の自律的回復ゆえに，ここでも表明されていた解除条件，すなわち「消費者物価指数の前年比上昇率が安定的に0％以上」となったと判断されたことから，2006年3月に解除された。そして再度，金融市場調節の目標は変更され，日銀当座預金残高から短期金融市場金利（コールレート）となった。解除当初はゼロ，その後において政策金利は2度にわたり引上げられ，2007年2月には0.5％になり，日本銀行は金利正常化への道を探ろうとしていた。

リーマン・ショックから「異次元緩和政策」へ

　ここで発生したのが，アメリカの信用度の低い人々向けの住宅ローン（サブプライムローン）における延滞・貸倒れの発生を主因とする金融危機であり，この危機は2008年9月のリーマン・ショックにおいて，そのピークに達した。この危機において，日本の金融機関は大きな痛手を負わなかったものの，日本経済は欧米の経済不振による輸出不振の影響から景気停滞に苦しむこととなっ

た。これに対する日本銀行の対応は，基本的には政策金利の引下げ，ドル資金供給を含む種々の流動性供給，市場対策等があるわけであるが，最大の特徴は政策金利の名目値をゼロとしないということであった。これは2001年からの「量的緩和政策」の時期において，短期金融市場金利をゼロ近傍としたことのデメリットを認識したからであったが，そのために導入されたのが銀行の保有する超過準備に対して付利を行う「補完当座預金制度」であった。銀行からすれば，日本銀行に超過準備を保有しておけば金利が付くわけであるから，それ以下の金利で短期金融市場に資金を出す必要はなく，短期金融市場金利はこの制度の近辺に収まりゼロとはならないことになる。この制度は，リーマン・ショック直後に導入されたが，当初は期間限定のものであったが，その後ほぼ恒久的な制度となった。後記の通り，日本銀行は2016年2月以降，銀行の準備預金の一部をマイナス金利とする「マイナス金利政策」を導入しているが，その場合でも準備預金の大部分には「補完当座預金制度」に基づくプラスの金利を付与しているのである。

　リーマン・ショック以降の日本銀行の金融政策は，「包括金融緩和」（2010年10月実施）等の非常に緩和的なものではあったが，リフレ派等からは不十分であるとか，副作用の説明は不要であるとの非難が浴びせられた。ただし，この時期の企業金融支援のための新施策としては，「成長基盤強化を支援するための資金供給」（2010年6月導入）および「貸出増加を支援するための資金供給」（2012年12月導入）が，メインの施策としての「資産買入等の基金」（2010年10月導入）に加えて導入された。前者は，金融機関が成長基盤強化に向けた取り組みを進めるうえでの「呼び水」になることを目指したものであり，後者は銀行等の一段と積極的な行動と企業や家計の前向きな資金需要の増加を促すことを目的としたものである。これらは当初は時限的な措置であったが，その期間は延長されてきている。

　日本銀行の金融政策は，2013年4月以降大きく変化した。黒田新総裁のもとで通称異次元緩和と呼ばれる「量的・質的緩和政策」が導入された。その内容は，(1)マネタリーベース・コントロールの採用（操作目標を短期金融市場金利からマネタリーベース［銀行券＋準備預金］に変更し，それを年間60〜70兆円増加させる），(2)長期国債買入れの拡大と年限長期化（長期国債の保有残高を年間約50兆円増加させ，買入れ対象を40年債を含む全ゾーンの国債としたうえで，買入国債の平均残

表7-1　日本銀行のバランスシートの変化

（単位：億円，倍）

	1998.12（A）	2019.12（B）	（B）/（A）
資　産			
国　債	520,022	4,813,419	9.26
ETF	0	282,508	－
貸出金	99,257	48,589	0.49
負債・資本			
銀行券	558,648	1,127,418	2.02
当座預金	43,780	4,005,476	91.49
準備金	21,327	32,521	1.52
その他共計	912,382	5,730,531	6.28

注：準備金には「資本金」1億円が含まれている。
出所：日本銀行。

存期間をその時点の3年弱から7年程度に延長する），(3)ETF，J-REIT の買入拡大（それぞれ年間約1兆円，300億円増加するよう買い入れる），(4)「量的・質的緩和」の継続（この政策を2％の物価上昇率が安定的に持続するために必要な時点まで継続する）というものである。この政策の導入により「資産買入等の基金」は廃止され，2001年の「量的緩和政策」の導入時に表明された規律としての「銀行券ルール」（資産側の長期国債の保有額を負債側の銀行券残高を上限とするルール）は一時適用停止とされた。結果として日本銀行のバランスシートは大きく拡大した。表7-1は，「ゼロ金利政策」導入前の1998年12月と2019年12月のバランスシートを比較したものであるが，その規模は6.28倍となっている。資産側では国債が9.28倍となっている一方，それをファイナンスしているのが負債側の当座預金増（超過準備）であることが分かる。それはともかくとしてこうした政策の大転換によっても企業金融は活発化しなかったが，株価は上昇し，為替は円安方向へと振れることとなった。

　実際の物価上昇率は2014年4月に1.5％（消費税率引上げの影響除く）まで上昇した後は鈍化した。このため2014年10月には，消費税率引上げ後の需要回復が鈍かったことと，原油価格下落が期待インフレ率の上昇を妨げるリスクが出てきたことを理由に，年間のマネタリーベース増加額を80兆円（国債購入額80兆円，この他 ETF 3兆円，J-REIT 900億円）に増やす異次元緩和の拡大も行われたが，物価上昇率鈍化に歯止めはかからなかった。

　異次元緩和の開始時には，２年間で物価上昇率２％を実現すると表明していた日本銀行であったが，その目標は達成できなかった。このため2016年１月には，準備預金の一部にマイナス金利（−0.1％）を適用する「マイナス金利付き量的質的緩和政策」を採用した。結果として，短期金融市場金利がマイナスとなり，国債利回り（10年物）等も低下したが，それでも企業金融等は活発化せず，ここまで金利低下が進むと，銀行等の利鞘の縮小を通じて金融仲介機能が阻害され，金融緩和の効果が失われてしまうとするリバーサルレートという評価も出てくることとなった。

　マイナス金利の導入によっても２％の物価上昇率の達成ができなかったことから，日本銀行は2016年９月に異次元緩和以降の金融政策の総括的な検証を行い，物価目標が達成できなかった理由として，消費税引上げ，原油価格低下等の他，期待物価上昇率が上がりにくいこと（これまでの低い物価上昇率が今後も続くと予想しがちなこと＝適合的な期待形成）を挙げた。そして，この総括的検証を踏まえたうえで，「長短金利操作付き量的・質的金融緩和政策」が導入された。「長短金利操作」とは，別名「イールドカーブ・コントロール」といい，金融市場調節によって長期金利と短期金利の操作を行うことである。具体的には，短期金利は準備預金のうち政策金利残高にマイナス金利（−0.1％）を適用し，長期金利は10年物国債金利がゼロ％程度で推移するように長期国債の買い入れを行うということである。ここで政策の目標は，「量」（国債買入れ額は目標としてのみ位置づけられる）から「金利」へと転換したことになる。イールドカーブとは，短期から長期までの金利の期間構造を表す曲線のことであり，そのコントロールとは，この形状を日本銀行が望ましいと考える形状とすることである。これは，中央銀行は最短期の金利を誘導するのであり，長期金利は市場で形成されるべきものという従来の常識を覆すものであった。

　ただしこうした政策の導入によっても，企業金融は活発化せず，物価上昇率も２％とはならなかった。日本銀行は，2018年７月に，「きわめて低い長短金利の水準を当分の間維持する」というフォワード・ガイダンスを導入し，イールドカーブ・コントロールについても柔軟化するなどの政策修正を行ったが，金融政策には手詰まり感が明確となっていった（異次元緩和の推移については表7‐2参照）。

表7-2　異次元緩和政策の変遷

	金融市場調節方針	資産買入方針
量的・質的緩和導入 （2013.4.4）	マネタリーベース 年60〜70兆円増	・国債　50兆円 ・ETF　1兆円 ・J-REIT　300億円
量的・質的緩和拡大 （2014.10.31）	マネタリーベース 年80兆円増	・国債　80兆円 ・ETF　3兆円 ・J-REIT　900億円
マイナス金利導入 （2016.1.29）	マネタリーベース　？ 当座預金（一部）に マイナス金利（－0.1％）適用	・国債　80兆円 ・ETF　3兆円 ・J-REIT　900億円
長短金利操作導入 （2016.9.21）	マイナス金利にプラスして10年国債金利が0％程度となるよう国債購入	・国債　？ ・ETF　6兆円（7.29増額） ・J-REIT　900億円
長短金利操作柔軟化 （2018.7.31）	イールドカーブコントロール柔軟化 政策金利のフォワードガイダンス導入	・ETF/J-REIT購入額の上下変動容認
新型コロナ対応 （2020.3.16）	一層潤沢な資金供給（円・ドル資金）	・積極的な国債，ETF・J-REIT等購入 ・企業金融特別オペ導入

出所：日本銀行発表文等より筆者作成。

　2013年4月に開始された異次元緩和は2年で2％の物価上昇を目指した政策であったが，その目標は達成されず，その後も物価上昇率は2％となってはいない。これは基本的には，「金融政策は紐であって棒でない」という，金融緩和の効果発現の難しさによるものであろう。また，近年では前記のリバーサルレート等の異次元緩和の副作用がより強く意識されるようになってきている。そのような環境の中で，2020年における新型コロナショックにより，物価情勢はデフレへと逆戻りが予想されているし，経済情勢も一段と厳しくなることが予想されており，金融政策の舵取りはますます難しさを増していると言える。

参考文献

翁邦雄『日本銀行』筑摩書房（ちくま新書），2013年。
斉藤美彦『金融自由化の進展と金融政策・銀行行動』日本経済評論社，2006年。
湯本雅士『金融政策入門』岩波書店（岩波新書），2013年。

（さらに読み進めたい人のために）

木内登英『金融政策の全論点——日銀審議委員5年間の記録』東洋経済新報社，2018年。
　＊異次元緩和の前後（2012〜17年）に日本銀行審議委員であった著者による近年の金
　　融政策について論点の解説がなされている。

白川方明『現代の金融政策——理論と実際』日本経済新聞出版社，2008年。
　＊前日本銀行総裁（2008.4〜2013.3）であった著者が総裁就任前でリーマンショック
　　前の時点で出版されたもので，中央銀行・金融政策について包括的に解説している。

白川方明『中央銀行——セントラルバンカーの経験した39年』東洋経済新報社，2018年。
　＊前著と同じ著者が，日本銀行入行後の経験，総裁就任後の政策決定の経緯，望まし
　　い中央銀行のあり方等についての考察を述べている。

横山昭雄『真説 経済・金融の仕組み』日本評論社，2015年。
　＊内生的貨幣供給理論に立脚し，正しい「信用創造理論」と金融政策について解説し
　　ている。

吉田暁『決済システムと銀行・中央銀行』日本経済評論社，2002年。
　＊銀行の信用創造機能と支払決済業務との関係，中央銀行による金融調節等について
　　様々な観点から俗説の誤りを指摘し，正しい金融理解を示している。

（斉藤美彦）

第8章
企業の海外進出
――多国籍企業の企業金融――

── Short Story ──

　ミネオ君の大学生活もあっという間に過ぎ，3年生の冬になりました。期末試験が終了すれば，本格的に就職活動を始める予定です。

　これまでミネオ君は夏休みなどの長期休暇を利用して，アメリカやオーストラリアなど外国旅行をしてきました。旅行中に現地で働く日本人と知り合いになり，話を聞いているうちに，自分も外国で働いてみたいと考えるようになりました。そこで海外に進出している日本企業について調べ始めました。

　日本企業の海外進出が増加している。アメリカやアジアを中心に成長する市場を求めて多くの日本企業が外国に進出している。しかし外国に進出する際には国内にはない様々な問題がある。言語や習慣，法律そして通貨の違いが時に大きな問題となることもある。そうした中でも海外での活動を拡大することで，外国での生産が国内生産を上回る企業も出てきた。本章では日本企業の海外進出とそれに伴う企業金融について検討する。

1　多国籍企業と直接投資・間接投資

多国籍企業

　企業が海外市場で売上を伸ばそうとするとき，まずは輸出で対応するのが一般的である。海外企業と販売代理店契約を結んで販売委託をすることもあれば，自ら支店などを設立して販売することもある。いずれにせよ国内で生産したものを外国に輸出して販売する段階である。

　今日では多くの企業が輸出だけでなく，海外での生産活動も行っている。海外で生産したものを，その国で販売しているのである。現地国だけで販売するのではなく，本社が所在する国や第三国に輸出する場合もある。このように１ヵ国だけでなく複数国で生産・販売活動を行う企業を多国籍企業と呼ぶ。

　表8-1は国連が作成している世界の多国籍企業ランキングである。各社が保有する外国資産残高で順位付けしている。たとえば１位のロイヤルダッチシェルはヨーロッパに本社がある石油企業であるが，日本を含めて世界各国に子会社を保有し，世界中で石油の採掘から精製・販売までを行っている。また２位には日本のトヨタ自動車が挙がっている。トヨタ自動車も日本だけでなく，アメリカ・ヨーロッパ・アジアなどで多くの工場を保有し，世界で自動車を生産・販売する多国籍企業である。海外における生産台数は今では国内の生産台数をはるかに上回っている。多国籍企業はこのように本国だけでなく世界の複数国で大規模に事業を展開している場合が多く，その影響力は巨大なものとなっている。

　また近年では，新しい形の多国籍企業が台頭している。たとえば表8-1にはマイクロソフトやグーグル，アップルといった巨大 IT 企業が入っていないが，これらも多国籍企業と言える。マイクロソフトはアメリカに本社があるが，

表8-1　世界の非金融多国籍企業ランキング

	会社名	国	部門	外国資産（億ドル）
1	ロイヤルダッチシェル	イギリス	石油	3,437
2	トヨタ自動車	日本	自動車	3,004
3	ブリティッシュ・ペトロリアム	イギリス	石油	2,545
4	ソフトバンク	日本	通信	2,403
5	トタル	フランス	石油	2,337
6	フォルクスワーゲン	ドイツ	自動車	2,242
7	ブリティッシュ・アメリカン・タバコ	イギリス	タバコ	1,860
8	シェブロン	アメリカ	石油	1,810
9	ダイムラー	ドイツ	自動車	1,691
10	エクソンモービル	アメリカ	石油	1,681

出所：UNCTAD, WIR, Annex table 19. The world's top 100 non-financial MNEs, ranked by foreign assets, 2018 a

日本を含む世界120ヵ国に子会社を保有する多国籍企業である。本国アメリカだけでなく，イギリスやインド・中国などで研究所を構え，人工知能 AI や画像認識などの分野で研究開発を行っている。また日本を含む多くの国で，子会社を通じてソフトウェアの販売やマーケティングを行っている。これらの IT 企業は，ソフトウェアや広告媒体の提供といった事業が中心となり固定資産が少ない特徴がある。そのため外国資産保有残高でみた場合，上位に挙がってこないが，世界経済に与える影響力は大きい。こうした企業はデジタル多国籍企業として近年，注目されている。

　このように今日では多くの多国籍企業が世界中で活動しているが，企業の海外進出には様々な理由がある。一般的に企業が海外進出する際に最も重視しているのは，成長する海外市場で一定のシェアを獲得することである。たとえば日本の多国籍企業の本社と海外子会社の売上高伸び率を比較すると，2000～17年の17年間で本社の売上高は35％の伸びに過ぎないが，海外子会社は123％すなわち2倍以上に拡大している（海外事業活動基本調査）。輸出だけでは海外市場でのシェア拡大が困難な場合があるため，企業は外国に子会社を設置し現地で生産を行うことで，海外市場での売上を拡大する。多国籍企業の中には，前述のトヨタ自動車のように外国事業が国内の事業規模をはるかに上回っている

ケースも多い。

　企業が海外に進出するその他の理由としては，取引先の企業が既に進出しているので，その後を追うものや，良質で安価な労働力の確保を目的にしたもの，さらには石油やその他鉱物資源の獲得を目的としたものもある。とくに自動車産業などでは部品供給網，すなわちサプライチェーンが重要であるため，最終組み立てを行う自動車メーカーの海外進出に伴って国内で取引のある部品メーカーがその近隣に後を追うように進出する，といった事例も多数見られる。また国内生産がコスト高で競争力が維持できないような繊維産業などは，安価な労働力を求めて海外に進出している。

多国籍企業と直接投資

　多国籍企業の本社・親会社は，現地国における支店や子会社を通じて海外事業を展開する。外国に所在する支店や子会社をはじめとする同じ多国籍企業グループ内企業への投資を直接投資と言う。具体的には次に挙げる通りである。まず外国に子会社や支店を新規に設立するための投資である。新たに設立する支店への投資，子会社への出資が直接投資になる。また既にある外国企業を買収して子会社にする投資もある。この場合は，子会社とする企業の株式を購入することが直接投資になる。さらにこうして子会社となった外国企業に対して追加的な出資や貸付を行った場合も，直接投資に含まれる。多国籍企業は，海外にある子会社の株式を保有することでその経営をコントロールし，子会社を通じて海外事業を展開する。親会社がもつ技術やブランド，生産上のノウハウなどの様々な優位性は，自らが経営を支配する子会社を通じて海外市場で活用されるのである。自動車メーカーをはじめとする製造業からスーパーなどの小売業まで，今日では様々な日本企業が外国に子会社を保有している。そうした外国子会社・支店に対する投資が直接投資である。

　買収による直接投資はM&A型直接投資と言われるが，新規に子会社を設立する投資はグリーンフィールド型直接投資と呼ばれる。世界全体では両者ともに5000億ドル前後で推移しているが，M&A型は株式市場の動向により金額が大きく変動する。株価が上昇局面にある場合は，M&A型直接投資は増加する傾向にある。景気が良く株価が上昇している時は，企業の拡大意欲も強く，外国企業の買収が増加する。かつての日本の直接投資はグリーンフィールド型

が中心であったが，近年では M&A 型が増加し，直接投資の半分を占めている（日本銀行国際収支関連統計）。

　両者の違いは，多国籍企業の親会社が所在する本国というより，むしろ受入国経済に大きな影響を与える。グリーンフィールド型は子会社の新規設立であるため，投資受入国に新たな雇用をもたらす場合が多いのに対して，M&A 型は既にある企業の買収であるためにそうした効果が少ない。また国内の企業が外国の多国籍企業に買収される，ということもあり，受入国から強い反発が出ることもあった。しかし近年では M&A 型であっても，多国籍企業である親会社がもつ高い技術力が子会社を通じて現地に浸透するといった効果も指摘されているために，多国籍企業の投資受入を積極的に進めようとする国も多い。

直接投資と間接投資

　企業の海外進出に伴う投資は直接投資であるのに対して，個人投資家や金融機関などが金融資産投資として株式や債券を購入する，また銀行などがクロスボーダーで貸付を行う，といった外国投資を間接投資と呼ぶ。間接投資は，外国におけるより高い利子や配当，キャピタルゲインの獲得などを目的としている。キャピタルゲインとは，株式などの価格変動を利用して獲得する利益のことである。1000円で購入した株式を1500円で売却すれば，差額の500円がキャピタルゲインである。また間接投資は，投資家がリスクを回避するために投資先を分散する目的で行われる場合もある。保険会社や年金基金といった機関投資家は，数十億円から数兆円の大規模な資金を運用するが，こうした巨額の資金は国内だけでなく外国の株式や債券，ファンドなど様々な投資先に分散されている。

　間接投資は，このように投資家が株式や債券といった金融資産に対して行う投資であるため，ポートフォリオ投資とも呼ばれる。ポートフォリオとは，金融商品の組み合わせのことで，投資家の金融資産の具体的な中身を指す。たとえば保有する金融資産のうち30％を株式に，40％は債券や投資信託，残りの30％は現金や預金にするといったことである。注意しなければならないのは，同じ株式に対する投資でも多国籍企業が外国企業の経営を支配するために行う投資は直接投資であるが，配当やキャピタルゲインの獲得を目的に株式を購入する場合は間接投資になる。国際収支統計では，便宜的に投資先の株式を10％

以上保有している場合，この投資先の経営を支配する意思があると見なし直接投資に計上する。

　間接投資は，株式や債券などの購入を意味する証券投資が大半であるが，これ以外にも貿易にあたって取引先に対して信用を供与する貿易信用や銀行の海外支店に対する貸付などがある。日本の都市銀行はニューヨークやロンドンなど多数の外国支店を有している。東京にある本店と海外支店の間では日々様々な通貨での貸借（本支店勘定）が行われており，これは間接投資に含まれる。他の産業の場合，親会社から外国子会社への貸付は直接投資になるが，銀行の海外支店に対する貸付は経営を支配するためというより，利子や為替レートの変動に対応した短期の資本流出入という傾向が強いために間接投資になる。

　直接投資は企業の海外進出に伴う投資であるために，比較的長期にわたる投資であるが，間接投資は各国の金利や株価などの経済状況，さらには政治や災害などの経済以外の要因によって短期間で大きく変動する。2008年のリーマン・ショックや2010年のギリシャ危機などの際には間接投資として行われた株式や債券，その他金融資産に対する投資が急激に回収され，為替レートや金利・国債価格の乱高下に繋がった。

　また近年では，直接投資と間接投資の区別がつきにくい新しい形態の投資も増えている。その 1 つがプライベート・エクイティ・ファンドなどによる企業買収である。プライベート・エクイティ・ファンドは機関投資家などの大口投資家から資金を募り，その資金で企業を買収する。株式を100％買収するケースが多いが，それにより買収対象企業を非公開化（プライベート化）した上で，リストラや経営改革を行い，基本的に 5 年前後で再び売却する。買収時と売却時の株式の価格差，すなわちキャピタルゲインが彼らの利益になる。キャピタルゲインが目的であることや比較的短期間での投資回収という点では間接投資になるが，通常こうしたファンドは株式を100％購入し，経営に深く関与する。そういった意味では直接投資に近い性格を持っている。

2　日本の対外投資

対外投資の歴史

　第 2 次大戦後の日本は海外から資金を借り入れる債務国からスタートしたが，

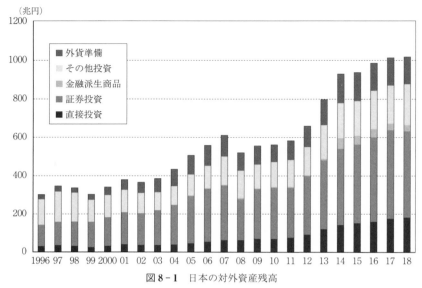

図 8 - 1　日本の対外資産残高

出所：財務省「本邦対外資産負債残高」。

1980年代以降は貿易収支の黒字拡大とともに外国への投資も増加した。日本の対外投資の中心は証券投資をはじめとする間接投資であるが，直接投資も増加している。図 8 - 1 は日本の対外資産残高を示している。これを見ると日本が外国に保有する資産のうち，半分は証券投資，すなわち利子やキャピタルゲインなどを目的とした株式や債券への投資であることが分かる。多国籍企業が行う対外直接投資も増加しており，2018年末には200兆円に迫ろうとしている。貿易信用や銀行貸付などを示す「その他投資」も一定の規模を維持している。

　第 2 次世界大戦後の日本は外国との資本流出入に厳しい規制を設けていたが，1970年代以降徐々に規制が緩和されていく。日本の対外証券投資は歴史的に株式よりも債券に対する投資が多い。銀行や保険会社によるドルやユーロなどの外貨建ての債券投資もあるが，海外の企業や政府が円建てで発行する債券（円建て外債）を日本の投資家が購入するといった場合もある。外貨建ての投資の場合は，日本の投資家が為替の変動リスクを負うが，円建ての場合はこうした為替リスクがない。しかし日本の対外証券投資の多くは外貨建てであり，円建ては全体の20％前後に過ぎない。また対外証券投資の大半はアメリカとヨー

ロッパ向けである。

　直接投資は1960年代から徐々に拡大していったが，当初は繊維産業などによるアジア向けが中心であった。しかし1980年代以降になると自動車や電機などの多国籍企業によるアメリカやヨーロッパ向け直接投資が拡大した。2000年以降の日本の直接投資は，アジア，アメリカ，ヨーロッパが中心で，この3つの地域で全体の90％程度を占めている。

　「その他投資」は，かつては貿易信用などが大きな部分を占めていたが，近年では銀行の本支店勘定やレポ取引による短期資金貸借が中心となっている。本支店勘定とは，銀行の東京本店がニューヨーク支店やロンドン支店といった海外支店との間で行う貸借である。またレポ取引とは，国債などの債券を買い戻すことを条件に売る，もしくは売り戻すことを条件に買う，という取引である。債券を買戻し条件付きで売る場合は，売ってから買い戻すまでの間，短期に資金を調達していることになる。実態としては国債などの債券を担保に1日や1週間といった短期での資金の貸借を行う取引に近い。金融機関の短期資金調達手段として一般化している。

日本企業の海外進出と直接投資

　日本企業の海外進出の歴史は1960年代末から70年代に遡ることができる。1970年代前半まではアジアが最大の投資先であった。低賃金の労働力を求めた繊維産業や石油などの資源を獲得するための鉱業部門による投資が大きな割合を占めていた。当時の欧米多国籍企業の外国投資が自動車や電機といった産業に集中していたのに対して，日本の直接投資は繊維産業などの国内で既に斜陽産業化しつつあった部門による投資であったことが注目された。日本国内では賃金の上昇により競争力を失いつつあった繊維産業がアジアに移転することで，日本がより高度な部門に産業構造を転換すると同時に，進出先のアジアでは日本の直接投資を受け入れることで技術移転が進むといったアジア内国際分業のあり方が議論された（雁行型経済発展論）。

　しかし1980年代に入ると日本も自動車や電機といった産業で海外進出が増加するようになった。この背景には当時のアメリカの対日貿易赤字拡大と日米貿易摩擦があった。貿易摩擦自体は第2次世界大戦直後から繊維製品や鉄鋼製品などが対象になってきたが，80年代には当時アメリカ市場でシェアを拡大して

（億ドル）

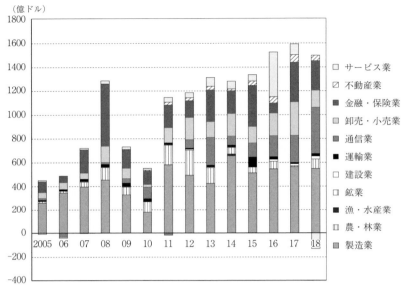

図8-2　日本の産業別直接投資（フロー）

出所：ジェトロ「日本の直接投資」。

いた自動車産業，半導体産業が問題となった。日本側は貿易摩擦への対応のた
め自動車の輸出自主規制，すなわち日本からアメリカへの自動車の輸出台数を
制限する措置を1981年から実施した。こうした貿易摩擦の激化を受けて，日本
企業はそれまでの国内生産とアメリカへの輸出という体制を現地生産・現地販
売に切り替えるようになった。こうして多くの自動車メーカー，電機メーカー
がアメリカやヨーロッパに工場を建設し，直接投資を行うようになったのであ
る。

　またかつての直接投資は製造業が中心であったが，今日では海外進出する産
業も多様化している。図8-2は産業別の対外直接投資（フロー）を表している。
依然として製造業が全体の40％程度を占めているが，金融・保険業，卸売り・
小売業，通信業なども拡大している。こうした企業も成長するアジアやアメリ
カといった外国市場での売上を伸ばそうと，積極的に海外展開している。

3　日本向け対内投資

日本向け証券投資

　第 1 章で見た通り日本は対外投資が対内投資を上回り，ネットで海外に投資を行う債権国であるが，間接投資については年によって資本受入になることもある。図 8 - 3 は，間接投資の中でも最大の項目である証券投資を示している。日本の対外証券投資すなわち日本の投資家による外国証券のネットでの投資額と，外国の対日証券投資すなわち外国人投資家による日本の証券のネットでの投資額を表している。これを見ると，ネットでの日本の対外証券投資と外国の対日証券投資は10〜30兆円程度で推移しており，年によっては対日証券投資が対外証券投資を上回って日本が投資受入れになっていることが分かる。

　図 8 - 3 に掲載しているネットでの証券投資は，グロスでの証券取得額と処分額を相殺したものである。グロスの取得額，処分額は2014年以降のデータに限定されるが，対外証券投資が400〜500兆円，対日証券投資が800〜900兆円に達している。すなわち証券投資では，各投資家が頻繁に株式や債券を売買していることが分かる。

動き出す対日直接投資

　近年は外国企業による対日直接投資も増加している。1990年代から徐々に増加傾向にあるが，2000年代後半以降その規模は年間200億ドルを超える年もある。欧米の直接投資が相互投資，すなわち投資国であると同時に投資の受入国にもなっているという特徴があったのに対して，日本の直接投資は長らく日本側の一方的な投資のみが行われるという状態であった。これは日本市場の閉鎖性を表している，などといった批判もあったが，近年外国企業による対日直接投資が増加している。

　1990年代末から2000年代初頭にかけて行われた対日投資は，日本側のバッシングを受けることも多かった。日本のバブル崩壊後にいくつかの金融機関が破綻したが（第 7 章参照），その一部が欧米の金融機関やファンドによって買収されたためである。破綻後の日本の金融機関を買収する欧米のファンドが，ハゲタカファンドと呼ばれて映画や小説の題材にもなった。

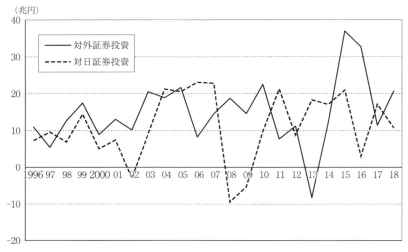

（兆円）

図8-3　対外・対日証券投資

出所：日本銀行「国際収支統計」。

　しかし近年ではこうした批判的な見方は少なく，むしろ外国からの直接投資を受け入れることで雇用の拡大や技術，ノウハウの移転を目指す動きが拡大している。IBM やユニバーサル・スタジオ・ジャパンなど外国企業の活動は日本市場に広く浸透している。

4　外国投資と企業金融

多国籍企業の企業金融

　最後に多国籍企業の企業金融について述べておく。多国籍企業は，本国だけでなく複数の国で事業を展開しているため，様々な通貨を取り扱うことになる。輸出や輸入を行う企業も多通貨を取り扱うが，その際の為替レートの変動リスクなどは先渡や先物といった手段がある（第6章参照）。多国籍企業の場合は，本国親会社と現地子会社の間で貿易だけでなく出資や貸付，債務保証など様々な関係がある。

　こうした多国籍企業グループ内における資金を，全世界的に効率的に管理するための仕組みとして，グローバル・キャッシュマネジメント・システムがあ

る。グローバル・キャッシュマネジメント・システムとは，世界各地に散らばっている子会社の資金を親会社がグループ全体として管理していくための資金管理システムである。たとえばグループ内で貿易を行う場合，個々の代金の支払を1回ごとに行えば海外送金のための手数料や手間はとても大きなものになる。キャッシュマネジメント・システムを使うことでグループ内の貿易代金の支払を相殺し，1ヵ月に1回などにまとめることで，手数料などを節約することができる。これ以外にも，後述するプーリングという機能などグローバル・キャッシュマネジメント・システムは様々な方法で多国籍企業グループ内の効率的な資金管理を行うものである。1990年代以降，徐々に多国籍企業に導入されており，今日では大手銀行だけでなく地方銀行もこうしたシステムを販売している。

海外子会社の資金調達

　海外子会社の資金調達を見ると，単にどこから資金を調達しているのか，という点だけでなく様々な角度から多国籍企業を眺める視点を提供してくれる。

　たとえば多国籍企業と直接投資の関係について見てみる。本章第1節で述べた通り，多国籍企業の親会社が外国子会社に対して行う投資やグループ内の投資が直接投資である。親会社が外国に新しく支店や子会社を設立する，外国企業を買収して子会社にする，といった投資である。2000年以降の日本の対外直接投資はフローで300億ドルから1600億ドルまで増加しているが，これは多国籍企業の本来の巨大さを表していない。多国籍企業の規模は，本当はもっと大きく，直接投資というのはその一部に過ぎないのである。

　図8-4は多国籍企業の子会社の資金調達を表している。この図は日本に親会社があり，ドイツとフランスに子会社を持っている多国籍企業を想定している。ドイツやフランスにある海外子会社は，日本の親会社から出資を受ける（図中②）が，それ以外にも所在国の現地銀行から借入などで資金を調達している（図中①）。この現地銀行は，邦銀（日系銀行）の海外支店もしくは海外現地法人である場合も多い。現地銀行からの借入は，ドイツやフランス国内での資金移動にすぎないため，国際収支にも入らないし，直接投資にも含まれない。しかし，実は海外子会社にとってかねてより最大の資金調達先は現地金融機関からの借入であり，親会社からの出資，すなわち直接投資は子会社の資金調達

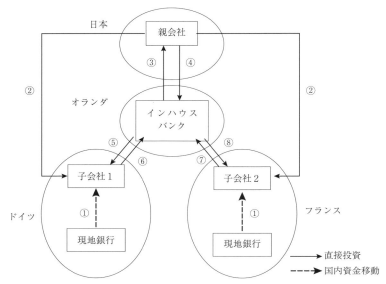

図8-4　多国籍企業子会社の資金調達

出所：筆者作成。

全体の一部にすぎない。日本の多国籍企業の場合，データは古くなるが1980〜90年代で直接投資は海外子会社総資産の10％程度である（通商産業省『海外事業活動基本調査』1983〜95年）。アメリカ多国籍企業の場合は，2017年末で直接投資残高が6兆ドル，子会社の総資産が30兆ドルであるので，直接投資は全体の20％となっている（Bureau of Economic Analysis, Direct Investment and MNE data）。直接投資は本国からの投資という意味で重要であるが，それだけではなく子会社全体の総資産や事業内容を見ないと多国籍企業の活動を把握することはできない。

直接投資と収益再投資

　直接投資を詳細に検討すると，今日の多国籍企業の別の側面も見えてくる。直接投資は，親会社が子会社に対して行う投資や同じグループ内で行われる投資を指す。このうち親会社から子会社に対して行われる投資は，さらに次の3つに分類される。すなわち，子会社株式への投資と貸付，そして収益再投資の3つである。収益再投資とは，子会社が上げた利益のうち，親会社に配当せず

内部留保として保持している部分を意味する。実態としては子会社内部にそのままとどまり続ける資金であるが，国際間の取引を集計する国際収支統計では子会社の内部留保は親会社に帰属するものであり，いったん親会社に収益として送った後に再び親会社が子会社に再投資すると疑似的に考えて，これを収益再投資としている。

　日本の対外直接投資をみると，1990年代には収益再投資は全体の10％程度しかなかったが，2000年以降増加傾向にあり，2018年には40％近くに達している。日本企業が外国投資により大きな利益を上げるだけでなく，さらにそれを再投資に回すことで規模を拡大していることが分かる。アメリカの直接投資は，日本よりもさらに収益再投資の割合が高く，2010年以降は全体の8割から9割を占めるようになっている。本国親会社からの新規投資ではなく，過去に行った投資による利益とその再投資が今日の多国籍企業の成長を支えているのである。

グローバル資金管理と多国籍企業による支配

　多国籍企業親会社は子会社の株式を所有し，その経営を支配することで，自らが保有するブランドや技術力といった優位性を海外市場で活用してきた。1990年代以降，多国籍企業に普及してきたグローバル・キャッシュマネジメント・システムはこうした親会社による子会社の管理・支配をさらに強化する働きを持っている。

　グローバル・キャッシュマネジメント・システムには様々な機能があるが，その1つにプーリングというものがある。これは多国籍企業グループ内で，資金を余らせている子会社と不足している子会社があった場合，資金余剰子会社から不足子会社へ短期的に資金を貸し付けるシステムである。図8-4にあるように，グループ内の資金を管理するインハウスバンク（企業内銀行）を設立し，グループ内子会社の資金を管理する。毎日もしくは毎週などの一定の時期に，資金余剰子会社からは自動的に資金を吸い上げ，資金不足子会社に自動的に資金を貸し付けるシステムである（図8-4⑤～⑧）。

　グローバル・キャッシュマネジメント・システムの導入によって多国籍企業グループ内でより効率的な資金管理ができるようになったが，これは同時に親会社による子会社の経営管理という面でも重要な役割を果たすようになった。プーリングなどの機能は，子会社の財務状態をオンラインで親会社に繋げるこ

とになり，こうしたグループ内ネットワークを通じて親会社は子会社の状況を
より素早く正確に把握することができる。たとえばマイクロソフトは毎月，
100を超える海外子会社から様々な通貨建てで報告されるキャッシュフローの
予測データを収集していたが，かつてはこのデータを集めるだけで3週間か
かっていた。システム導入後は，世界中にあるグループ企業全体でもつ現金の
99％を正確に把握することが出来ている。グローバル・キャッシュマネジメン
ト・システムは，多国籍企業の親会社による子会社管理・子会社支配をより強
化する役割を果たしているのである。

　本章では日本企業の海外進出とそれに伴う企業金融を考察した。日本企業の
海外進出は，1960年代以降，産業や進出先を変えながらも徐々に拡大してきた。
2000年以降は，製造業だけでなく金融業や小売業，通信業といった様々な産業
部門の多国籍企業がさらに海外進出を加速させている。また外国企業による対
日直接投資も，わずかながら増加傾向にある。日本もアメリカやヨーロッパの
ように今後，投資国であると同時に海外から多くの直接投資を受け入れること
になるかもしれない。インターネットの普及によるデジタル多国籍企業の発展
や2001年の中国のWTO加盟など，様々な要因が経済のグローバル化を進め
てきた。10年後，30年度の世界ははたしてどのようになっているのだろう。

参考文献

奥田宏司・代田純・櫻井公人編『深く学べる国際金融——持続可能性と未来像を問う』
　　法律文化社，2020年。

奥村皓一・夏目啓二・上田慧編著『テキスト多国籍企業論』ミネルヴァ書房，2006年。

小島清『雁行型経済発展論〈第1巻〉日本経済・アジア経済・世界経済』文眞堂，2003
　　年。

小西宏美『グローバル資金管理と直接投資』日本経済評論社，2017年。

島田克美『概説海外直接投資［第2版］』学文社，2001年。

スティーブン・ハイマー（宮崎義一編訳）『多国籍企業論』岩波書店，1979年。

Bruno Casella and Lorenzo Formenti (2018) "FDI in the digital economy: a shift to
　　asset-light international footprints", UNCTAD, *Transnational Corporations,* vol
　　25, no. 1.

さらに読み進めたい人のために

（多国籍企業）

島田克美『概説海外直接投資［第2版］』学文社，2001年。

　＊多国籍企業や直接投資の基礎，歴史などがコンパクトにまとめられている。

奥村皓一・夏目啓二・上田慧編著『テキスト多国籍企業論』ミネルヴァ書房，2006年。

　＊多国籍企業の理論や経営戦略などを網羅している。

スティーブン・ハイマー（宮崎義一編訳）『多国籍企業論』岩波書店，1979年。

　＊多国籍企業，直接投資について本格的に議論した最初の本である。

（多国籍企業の企業金融）

小西宏美『グローバル資金管理と直接投資』日本経済評論社，2017年。

　＊多国籍企業におけるグローバル・キャッシュマネジメント・システムの導入とそれ
　　による影響を議論している。

（国際金融）

奥田宏司・代田純・櫻井公人編『深く学べる国際金融——持続可能性と未来像を問う』
　　法律文化社，2020年。

　＊国際決済のしくみ，国際金融，ドル体制について，より深く学べるテキスト。

（小西宏美）

第9章
企業金融と税制
――節税はファイナンス――

Short Story

　ミネオ君のスマホはソフトバンクで，アイフォン・ユーザー。携帯料金が高いので，プラン変更しようとショップを訪ねました。しかし，土曜日の夕方とあって，ショップには多数の人が順番待ちをしていました。ミネオ君は，これだけ多くのユーザーがいるので，ソフトバンクは相当儲かっているに違いない，と感じました。それに，ソフトバンクはプロ野球チームも持っているから，超大企業だと思いました。

　しかし，ショップの帰りのバスのなかで，隣の人が読んでいた新聞を見たら，「ソフトバンク，2018年3月期に法人税ゼロ　税務上の赤字で」とあり，ビックリ。早速，自分のスマホで，グーグル検索したら，「ソフトバンクグループの売上高は9兆1,588億円，営業利益1兆3,038億円，当期純利益1兆390億円（2018年3月期）」と出ていました。会計上はこんなに大きな利益があるのに，税金は払っていないんだ，と不思議に思いました。

　日本企業の役員報酬高額ランキングトップ10（2019年3月期）のうち，5名がソフトバンクグループの役員で，報酬額は32億6,600万円〜9億8,200万円（年俸）となっています。ミネオ君は携帯料金を支払うため，居酒屋で時給1,000円のバイトをして，月6〜7万円を稼ぐのがやっとのこと。しかも，源泉課税（給与の支払時点で課税済み）されている。しかし，ソフトバンクは，巨額の利益があり，役員報酬は高額なのに，法人税を払っていない。

　疑問を持ったミネオ君は，「税務会計論」の授業を履修登録しました。

　ソフトバンクほどではなくとも，大企業は法人税に対し，節税を図っている。節税は合法的なもので，脱税とは異なる。節税すれば，利益が残り，内部留保が増え，ファイナンスに繋がる。また大企業と法人税ではなくとも，通常の個人事業主も税金対策をしている。商店など個人事業主は通常，青色申告をしている。個人の確定申告（毎年3月までに，前年の所得が確定したことを申告し，納税または税還付を受ける）には，白色申告と青色申告があり，一定の要件を満たし，税制優遇を受けるものを青色申告と呼ぶ。青色申告では，複式簿記等で帳簿を作成していれば，所得から10〜65万円が控除（差し引く）される。個人商店でも，資金繰りがしやすくなり，ファイナンスに繋がる。したがって，企業のファイナンスにおいて，税は重要な要因である。

1　ファイナンスと税制

　企業が節税をすれば，税引後の最終利益が大きくなり，資本組入れを増やすことができ，内部資金によるファイナンスをしやすくなる。多国籍企業は，生産拠点や販売拠点を世界中に有しているが，各国で税率など税制は異なっている。したがって，低税率国で利益（所得）を多くすれば，グループとしての納税額を減らし，節税できる。この点は後述する。

青色申告とは

　多国籍企業ほどの巨大企業でなくとも，町の商店（個人事業者）等でも節税をする。第1が，すでに言及した，青色申告である。一般の給与所得者は，給与に対し源泉課税されている。年末調整（12月に年間の給与が確定するので，課税額を調整する）はなされるが，多くは確定申告の必要はない。しかし，個人事業主の事業所得や不動産所得（家賃等）は源泉で課税されないので，確定申告し，納税する必要がある。この確定申告（所得税）の際，青色申告届を提出し，複式簿記で帳簿を作成することで，最大65万円所得控除（課税される所得から差し引く）される優遇措置が青色申告制度である。

　現在の日本の税制の基本的仕組みは，1950年度から導入されたシャウプ税制によって形成された。シャウプはアメリカの財政学者であったが，1949年に日本の税制に関し，シャウプ勧告を出して，税制の基本的枠組みを決めた。この

シャウプ税制によって，給与所得等は源泉徴収課税で，事業所得等は申告課税による納税となった。個人事業者に申告納税のインセンティブを与えるために，青色申告での所得控除も認められた。

　青色申告では，所得控除の他，専従事業者給与の損金扱いもできる。これは，たとえば，商店を夫が経営し，妻が従業員として働く場合，妻への給与を商店の損金（非課税）にできる制度である。妻への年間給与が400万円であれば，商店の利益（所得）は400万円圧縮されるので，商店（個人事業者の所得税）の納税額に大きく影響する。

法人成りとは

　商店（個人事業者）等の節税の第2が，「法人成り」である。法人成りとは，実態は個人事業主であっても，法人化することで節税することである。背景には，個人所得税と法人税の税率格差がある。表9-1は，個人所得税と法人税の税率（2019年度）を示している。所得税の税率は，195万円未満（各種控除後の課税所得，以下同）では5％，900万円以上では33％，4,000万円以上では45％である。2006年度までは，所得税の最高税率は37％であったが，格差社会や所得格差という議論のなかで，近年では45％まで引き上げられている。したがって，青色申告を利用しても，個人事業主の所得が4,000万円以上になると，原則として45％が税金となる。そこで，個人事業主は，商店を会社（法人）にして，低い税率の法人税で納税しようとする。現在，株式会社の設置費用は約25万円と言われ，資本金は1円から可能である。表9-1によると，法人税は基本税率が23.2％，軽減税率は15％となっている。単純化すれば，個人商店であれば，所得が330万円を超すと，税率20％で課税されるが，法人であれば軽減税率15％で済むから，法人成りしたほうが節税になる。

　法人になっても，親族に給与を払い，法人の利益（所得）を圧縮し，節税することができる。父が社長，母（妻）が副社長，子が専務となって，法人から給与をそれぞれに支払うと，法人の利益は圧縮されるし，給与が分散されることで，個人所得税の税率も低くなる。株式会社で，株式の50％以上を親族等の3人以下で保有していると，同族会社と呼ばれる。同族会社は合法的であるが，親族の報酬が実態と乖離していると，税務調査（税務署が調査する）の対象になることもある。現在の日本の大企業でも，同族会社，もしくは同族会社に近い

企業（一般に，オーナー企業，ファミリー企業等と呼ばれる）は多い。たとえば，トヨタ自動車は豊田家，サントリーは鳥井家，佐治家と密接で，これらのファミリーから経営者を多く出してきた。ただし，同族経営は株主の利害と対立することもあり，コーポレート・ガバナンス（第5章参照）の観点から議論されることも多い。また，芸能人が個人として出演料を受け取るのではなく，法人化して，法人から給与として受け取ることも，上記と同様の事情である。

表 9 - 1　個人所得税と法人税の税率

所得税		法人税	
所得区分（万円）	％	基本税率	23.2%
~195	5	軽減税率	15%
195~330	10		
330~695	20		
695~900	23		
900~1,800	33		
1,800~4,000	40		
4,000~	45		

注：法人税の軽減税率は，資本金1億円以下で，所得年800万円以下。
出所：参議院予算委員会調査室『財政関係資料集』から作成。

税制では，資本金1億円以下が中小企業

表9-1において，法人税の軽減税率が適用される企業は，「資本金1億円以下」とされている。これは，日本の税法では，大企業か，中小企業か，の区分基準は資本金（売上高，従業員数ではなく）とされ，また1億円が境界線とされているため，である。まず区分基準を資本金とすること自体，問題がある。資本金は，企業が定款において裁量的に決められるからである。同時に1億円という根拠も不明確である。この結果，上場企業でも，資本金1億円以下という企業は，約160社あると言われる。上場企業の平均資本金は160億円程度である。上場企業でも，資本金1億円以下という企業が多数あることは，法人税軽減税率の恩恵を受けることが，大きなメリットであることを意味している。2015年には，芸能大手の吉本興業が資本金を125億円から1億円に減資すると発表して，話題になった。

また税法で，交際費（飲食，ゴルフ等）の損金処理の範囲は，大企業と中小企業で異なっていた。中小企業には，交際費の損金（非課税）処理が広く認められており，大企業では厳しい。資本金1億円以下の中小企業になれば，交際費を非課税にして，納税額を減らすことが可能になる。また，後述するように，

貸倒引当金の損金処理の上限額も，資本金１億円を基準として，取り扱いが異なっている。

法人擬制説と法人実在説

　次に，表9-1のように，法人税の税率が個人所得税よりも低いのは，なぜなのだろうか。これには，根本的な問題と，最近の問題が影響している。根本的な問題とは，法人税については，法人擬制説という考えと，法人実在説という考えがあり，前者が優位である。法人擬制説とは，法人とは擬制（フィクション）であり，法人の利益は最終的に個人株主に還元されるから，個人に課税すれば十分であり，法人への課税は必要ない，ということである。企業の株主は，個人株主の他，年金や保険などから成るが，年金や保険も最終的には出資（拠出）者は個人である。したがって，法人への課税は必要なく，個人に課税すればよい，とする考えである。他方，法人実在説は，法人の利益は個人株主に還元されない，独自の存在であり，法人課税は必要である，とする。また，独占企業や寡占企業が増えており，法人の独自性は高まっている，とする考えである。

　このように，法人擬制説と法人実在説が併存してきたが，現在の日本の税制には，法人擬制説の影響が強い。これは，すでに触れたシャウプ勧告が法人擬制説に立っていたことが大きい。シャウプ勧告では，株主が得る配当，キャピタルゲイン（株式譲渡益）等は，個人に課税しようとした。このため，歴史的にも，法人税の税率は個人所得税よりも低くされてきた。個人所得税には，歴史的にも，累進課税（所得が高くなると，税率も高い）の影響もあって，高所得層には高い税率が課されてきた。

　法人税の税率が低くされる，最近の問題とは，法人税引下げ競争が国家間で繰り広げられていることである。先進国であっても，アイルランドやオランダの法人税税率は低く，海外企業の誘致合戦をしている。海外企業を誘致すれば，自国で雇用の創出に繋がるうえ，税収増をもたらす。この他，いわゆるタックス・ヘイブン（税金回避地）と言われる国や地域もある。英領ケイマン諸島やカリブ海のバージン諸島では，税率はほぼ０％である。この問題は，本章で後述する。

　巨大な多国籍企業はもちろんのこと，一般の商店（個人事業者）にとっても，

節税することは，利益を増加させ，資金繰りの改善とファイナンスに繋がる。

2　法人税と課税所得

冒頭に，ソフトバンクの事例で示したように，会計上で利益が出ていても，税務上は赤字で，税金ゼロということがある。これは，会計基準による利益と，税法による所得（課税所得）が異なるためである。

会計ルールと税法ルールは異なる

会計基準は，投資家等に，企業の収益や費用，あるいは資金の調達と運用等について，情報を伝えるためにある。他方，税法（所得税法や法人税法等）は，政府がいかにして，課税し，税収を上げるか，というためにある。そもそも，会計と税法は目的が違う。

会計ルールと税法ルールが違うということ，最も分かりやすい事例は，交際費である。交際費は，企業が取引先と飲食やゴルフ等をすることで，自らの収益を上げるための経費である。交際費は，会計上は費用に計上される。もっとも，企業において，営業サイドからの交際費要望が，経理部等から拒否や反対されることはある。しかし，これは企業としての予算管理の問題である。交際費の計上について，会計上の上限はない。

しかし，税法では異なる。2014年度までは，資本金1億円以下の企業が，年間800万円以下まで，しかも1名あたり5000円までしか，交際費（非課税の損金）として認められなかった。さらに資本金1億円以上では，交際費（損金）は計上できなかった。2014年度以降，1名あたり5000円までなら，交際費の50％を損金処理できることとなった（全法人）。

このように，交際費は会計上の処理と，税法上の処理が異なっている。

繰延税金資産とは何か

会計ルールと税法ルールが異なる，もう1つの問題は，繰延税金資産と呼ばれる税効果会計である。まず税効果会計とは，会計上の資産・負債と税制上の資産・負債に差異がある場合，法人税等の額を適切に配分する会計手続きである。税効果会計の1つが，繰延税金資産である。銀行等が貸出をした場合，貸

表9-2　企業会計と税務会計の違い

	企業会計	税法（税務会計）
目　的	投資家に業績等を開示	国税当局が税額計算
計算方法	収益—費用＝利益	益金—損金＝課税所得
費用・損金の計上時期	経済的価値が減少	実際に損失が発生
赤字の繰り延べ	しない（損益計算書）	最大10年繰り延べ
交際費の処理	費用として計上	一部が損金

出所：筆者作成。

出を回収できない可能性がある。貸出先の業績が悪化してきたら，銀行は貸出が回収できない場合に備え，貸倒引当金を計上する。貸倒引当金は，貸出が回収できない場合に備えた準備金とも言える。貸倒引当金の計上は，会計上は上限がない。他方，貸倒引当金は，税法上，損金（非課税）算入に上限がある。税法上の上限を超えて計上された貸倒引当金は，現在は課税されるが，将来，税金の払い過ぎとして還付される可能性がある。そこで将来の税還付金を「繰延税金資産」として見込み，調整項目として，資産に計上する。銀行等では，貸借対照表の資産側に繰延税金資産が計上されると，負債・資本側では，対応して，自己資本が増加する（上乗せされる）。注意すべきは，繰延税金資産は「評価性資産」であるから，あくまで税金の還付を見込んでいるだけで，確定していない。したがって，自己資本も実態以上に，かさ上げされている可能性がある。

　表9-2は，企業会計と税法（税務会計）の違いを示している。費用や損金の計上時期にも違いがある。企業会計では，経済的価値が減少した時点で計上する。しかし，税務上では，実際に損失が発生した時点でないと計上できない。たとえば，アパレルメーカーが，冬物衣料が春になっても売れ残ると，企業会計では，定価では売れず，経済的価値が減少したとして，在庫評価損として費用を計上する。しかし，税務上では，衣服には変わりないとし，廃棄した時点で初めて損金処理が可能になる。

　銀行の貸出も，会計上は，回収にリスクが生まれると，貸倒引当金の計上ができる。しかし税務上は，貸出を回収できないことが確定しないと，全額は損金処理できないのである。

法人の 6 〜 7 割は法人税を払っていない

　以上，会計ルールと税法ルールの違いを見てきた。会計ルールに比べて，税法ルールは厳しいように思える。しかし，実際には，日本の企業（法人）の約 7 割は，税金（法人税）を払っていない。法人の 7 割は，赤字であり，欠損法人（課税所得が赤字の法人）と呼ばれ，納税を免れている。この点は，個人所得税と法人税の，大きな違いである。

　サラリーマン（給与所得者）が，給与収入よりも，支出が多く，年間を通して赤字だったとしよう。しかし，この場合でも，源泉で所得税は課税される。しかし，法人の場合，赤字であれば課税されない。さらに，繰越欠損金制度により，欠損額を累計の所得額が超えるまで納税しなくともよい。たとえば，法人が2018年に10億円の赤字で，2019年に 5 億円の黒字（所得），2020年にも 5 億円の黒字であったとしよう。この場合，2019年と2020年には黒字であるが，2018年の赤字を繰り越し，納税額はゼロになる。2018年から2020年まで，この法人は納税を免除される。こうした繰越欠損金制度による欠損法人を含めると，おおむね図 9-1 が示すように，欠損法人の比率は 6 〜 7 割になる。

　国税庁統計によると，日本には，およそ250万〜270万社の法人がある。2009年度には，約261万社の法人があったが，うち約190万社が欠損法人（比率は72.8％）であった。2017年度には，同順で，約269万社に対し，169万社（同62.6％）であった。欠損法人比率が近年低下している要因は，損金（非課税）算入上限の引下げ等のためである。2014年度までは，資本金 1 億円以上の法人は，所得金額の80％を上限として，欠損金の損金（非課税）算入が可能であった。しかし，2017年度以降，所得金額の50％が上限となった。他方，資本金 1 億円以下の中小法人では，今日でも，所得金額の100％まで損金算入が可能であり，納税額はゼロにできる。

　この欠損法人の問題には，連結法人としての納税（連結納税と呼ぶ）とも関係している。連結納税とは，親会社と子会社間で，所得額を損益通算し，連結された所得金額に基づき，納税するものである。したがって，親会社が大幅な黒字であっても，子会社で赤字の場合，親会社の税負担は軽減される。また，連結納税においても，繰越欠損金制度は認められている。連結ベースで，所得が赤字であれば，次年度以降に繰越が可能である。こうした制度によって，親会社が黒字であっても，連結納税によって，欠損法人になっている可能性がある。

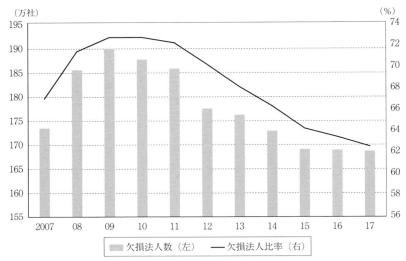

図 9 - 1　欠損法人数と同比率

出所：国税庁，会社標本調査から作成。

法人の受取配当は課税されない

　個人の投資家が株式を保有していて，配当を受け取ると，課税される。しかし，法人が株式を保有していて，配当を受け取ると，全額または一部は課税されない。法人の受取配当の益金不算入と呼ばれる。税法上，益金は課税され，損金は課税されない。益金不算入は，課税所得に含まないことを意味する。こうした制度となった理由は，すでに説明した，法人擬制説である。単純化すれば，法人は擬制（フィックション）であるから，法人には課税せず，個人に課税すればよい，という考えである。法人の受取配当の益金不算入は，外国子会社からの配当にも適用されており，日本企業の海外直接投資が増加するなか（第8章参照），とりわけ大企業にとってメリットが大きい。

　2015年度以降，「持株比率3分の1超」であれば，法人の受取配当は全額が益金不算入（非課税），「持株比率5％～3分の1以下」では，50％が益金不算入という制度になっている。A社がB社の株式の35％を保有していれば，A社のB社からの受取配当は全額が非課税であり，20％を保有するなら，配当の50％が非課税である。

　日本企業の株式保有を考えると，受取配当の益金不算入は，大きな意味を

持っている。低下してきたとはいえ，日本企業の株式持ち合い比率は高く，また親子間企業や業務提携関係にある企業間でも株式持ち合いが多いからである。株式保有における事業法人の比率は，今日でも20％を超える（第5章参照）。これは，日本企業の株式持ち合いが根強いことを意味する。株式持ち合いには，三菱系など旧財閥系の持ち合いと，親子間での持ち合い（NTT という親会社は，NTT データ等と持ち合い）等がある。前者の財閥系持ち合いは，現在衰退しているが，後者の親子間持ち合いは減少していない。日本では，全上場企業のうち，21％が親子関係で上場しているとされる（33％以上の株式保有という基準）。こうした日本企業の株式持ち合いや，親子間企業による持ち合いを考えると，法人の受取配当益金不算入は大きなメリットとなっている。

　親会社が未上場の子会社を持っていて，その子会社が株式を新規上場すれば，親会社が保有する子会社株式の評価額は，多くの場合，上昇する。貸借対照表に計上される価格（簿価）を時価（市場での価格）が超えると，「含み益」（財務諸表に表れない利益）となる。親会社が子会社の上場後，子会社株式を売却すれば，含み益は株式売却益となるが，ファイナンスでもある。あるいは，子会社株式を担保として，銀行から借入れることも可能である。親子間での株式保有は，ファイナンスと密接に結び付いている。

減価償却，貸倒引当金も非課税

　第2章で説明した減価償却費も，損金（非課税）で処理できる。減価償却費の計算方法は，国税庁によって決められている。減価償却費の計上は，会計上では上限がないが，税法上では限度額が設けられている。設備投資した資産（自動車，建物等）ごとに，耐用年数が決められている。償却方法には，定額法と定率法がある。定額法は，耐用年数の期間内で，一定の同じ額を，毎年均等に償却する方法である。定率法は，資産の残存価額に対し，一定の比率（25％等）で償却するものである。設備投資した直後には，残存価額が大きいので，定率法では，減価償却費が大きくなる。他方，年数が経過するに伴い残存価額は減少するので，定率法では減価償却費は小さくなる。

　貸倒引当金についても，すでに税効果会計と繰延税金資産との関係で説明した。銀行等は貸倒引当金の計上が税務上でも認められているが，限度額を超えた額は損金処理できない。そこで，繰延税金資産に貸倒引当金限度額超過額を

計上し，貸倒れが確定した場合に，損金処理し，法人税が還付される。いったん納税した法人税が還付されるだろう，という評価（見込み）に基づき，繰延税金資産が計上され，そのぶん，自己資本がかさ上げされている。なお，企業間の貸付金は，銀行以外でもありうる。したがって，銀行以外の一般企業でも，他の企業に貸し付け，回収に問題が発生すれば，貸倒引当金を計上する。その税務処理は，銀行と基本的には同じになる。

3　グローバル（多国籍）企業の税務戦略

　個人事業者は青色申告に始まり，法人成りして，節税する。法人も繰越欠損金制度等を活用して法人税を節税する。そして，世界的な大企業，多国籍企業は，高度な税務戦略を駆使して，節税を図っている。

　図9-2は，欧米の代表的企業と日本の代表的企業について，税負担率（＝税額÷税引前利益）を見たものである。会計上の利益と，税法による課税所得が異なることは，基本的には各国で共通している。しかし，会計上の利益から，非課税になる範囲は，国によって異なる。また，企業が高度な税務対策をして，納税額を減らすことは，企業によって異なる。図9-2によると，自動車企業では，フォード（米国）が15％に対し，トヨタ自動車が28.9％，電機企業では，フィリップス（蘭）が12.8％に対し，パナソニックが27.3％，食品企業ではコカ・コーラ（米国）が19.4％に対し，味の素が32.7％となっている。海外企業の税負担率は低く，日本企業の税負担率は高くなっている。これは，海外企業が高度な税務戦略によって，節税していることを示唆している。

　図9-2の海外企業は，いずれも多国籍企業である。第8章で説明されたように，多国籍企業は，法人税率が異なる複数の国で生産・販売している。税率が低い国で所得を発生させ，納税すれば，多国籍企業全体の納税額は減少する。

国際課税における発生地国（源泉）主義と居住地国主義

　多国籍企業の節税を考えるうえで，基本となる国際課税の原則を説明する。国際課税には2つの考え方があり，発生地国主義と居住地国主義である。たとえば，コカ・コーラはアメリカの企業であるから，居住地国はアメリカとなる。一方で，日本において生産・販売し，利益を得ており，所得の発生地国は日本

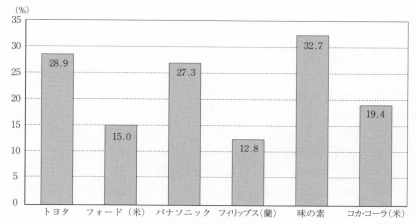

図9-2　欧米日の代表的企業の税負担率

出所：筆者作成。2018年度。

である。発生地国主義では，所得が発生した国（源泉），つまり日本で課税すべき，とする。他方で，居住地国主義は，企業は居住地国，つまりアメリカにおいて外国所得を含み課税すべき，とする。どこの国の政府も，自国の税収を増加させたい。そこで，アメリカ政府は居住地国主義を主張し，日本政府は発生地国主義を主張することになる。

　この2つの立場を調和させないと，二重課税という問題が発生する。コカ・コーラは日本で課税され，かつアメリカでも課税されてしまう。そこで，二重課税を回避するために，外国税額控除という措置がとられ，日本で課税された税額を控除して（差し引いて），アメリカで課税することになる。

　以上が，国際課税の原則である。原則通りに課税されるはずだが，実際のところ，日米政府間での見解の相違，あるいは日米政府のいずれかとコカ・コーラの見解の相違から，対立が生まれることもある。最近は，後述するように，GAFAと呼ばれる巨大IT企業が成長し，ソフトやライセンスなど無形資産の評価が問題化し，状況が複雑になっている。

法人税引き下げ競争

　企業に対する国際課税で，基本的な問題として，各国で法人税率が異なっていること，さらに近年では法人税の税率を引き下げる傾向が強まり，法人税引

き下げ競争がある。たとえば，EU 加盟国のなかで最も法人税率（法定，以下同）が高いのはフランスで38％（2015年現在，以下同）であるが，アイルランドとキプロスでは12.5％となっている。またブルガリア（2007年 EU 加盟）では，2007年以降10％となっている。フランスでは，社会党政権によって，企業への課税が強まり，法人税最高税率は36.1％（2012年）から38％に引き上げられた。他方，アイルランドでは，1996年に38％であったが，2003年以降12.5％とされている。同国では，外国企業を誘致し，雇用を創出し，経済成長を推進しようとし，法人税税率を大幅に引き下げた。日本企業も，製薬企業など多くの企業が，アイルランド法人を設けているが，それは節税と関係している。ブルガリアも EU に加盟し，法人税税率を引き下げ，海外企業を誘致し，経済を振興しようとした。

　アイルランドのように，法人税税率を引き下げる国があると，世界の多国籍企業は，その国に集まる。逆に見ると，法人税税率が高い国から，多国籍企業が出て行ってしまう。これは，法人税税率が高い国で，経済や産業の空洞化が進むことを意味する。日本やドイツなど，人件費や不動産などのコストが高い国では，法人税の高さも加わり，多くの企業が海外流出してしまう。結果として，日本やドイツでも法人税税率を引き下げざるをえなくなる。ドイツの法人税最高税率は，1996年には56.7％あったが，2015年には30.2％まで引き下げられている。日本の法人税基本税率も，2010年には30％であったが，2019年には23.2％（国税分だけで，地方税を含まない）まで低下した。

　このように，各国で法人税の引き下げ競争と呼ばれる事態が進んでいる。同時に，2015年現在で，最も高いフランスの38％と，最も低いアイルランドの12.5％やブルガリアの10％の間には，25.5〜28ポイントもの税率格差がある。日本の法人税税率を23.2％とすると，やはりアイルランドなどと10ポイント以上の税率格差がある。

移転価格税制とは

　各国間で法人税税率が異なることを背景として，移転価格税制という問題が発生する。移転価格とは，多国籍企業の親会社（本社）と子会社（海外）の間で，製品などを移転（売買取引）する際の価格を指す。そして，その移転価格をめぐる税制（課税）が移転価格税制である。

```
┌─────────────────┐                        ┌─────────────────┐
│日本             │   移転価格             │海外             │
│ （税率30％）     │                        │ （税率10％）     │
│                 │  ①300万円で販売⇒       │                 │
│本国工場          │                        │販売子会社        │
│200万円で製造     │  ②240万円で販売⇒       │340万円で販売     │
└─────────────────┘                        └─────────────────┘
```

①　（100万円×30％）＋（40万円×10％）＝34万円
②　（40万円×30％）＋（100万円×10％）＝22万円

図9-3　移転価格税制の仕組み

出所：筆者作成。

図9-3で具体的に示す。日本で法人税率が30％として，自動車を200万円で製造したとしよう。この自動車を海外（法人税率10％）で販売するために，本国から300万円で海外子会社に移転（販売）し，340万円で消費者に販売したとする。この場合の税額は，①のように，100万円（300万円−200万円）に30％が課税され，40万円（340万円−300万円）に10％が課税されるので，合計で税額は34万円になる。

しかし，②のように，移転価格が240万円とすると，合計で税額は22万円となる。高税率国での利益（所得）が圧縮され，低税率国での利益が増加したため，税額は減少するためである。こうした場合，移転価格が適正か，否かが問題となる。②の場合，日本での納税額が減っており，日本の国税当局が調査し，移転価格が不適切（240万円は低すぎる）と判定されると，追徴課税される。国税庁と多国籍企業の間で，移転価格税制をめぐる訴訟が多く発生している。

GAFA の節税戦略と課税問題

GAFA（グーグル，アップル，フェイスブック，アマゾン）への課税が，近年問題になってきた。こうしたアメリカを居住地（国籍）とする，巨大な IT 多国籍企業は世界中で営業しているが，アメリカ以外の進出先（日本や EU など）で，ほとんど税金を払っていない，あるいは利益に対して納税額がきわめて少ない。アマゾンの2018年の税引前利益は113億ドル（約1兆2430億円，1ドル＝110円で換算）であったが，法人税額は約12億ドル（1320億円）で，税引前利益に対する税負担率は10.6％であった。アメリカ本国での法人税実効税率（国・地方合計）は2018年には，約28％であったから，アマゾンの税額は本国の納税に対し3分の1にすぎない。こうした節税が可能になるのは，アマゾンが，ア

イルランドのような低税率国での現地法人を活用するためである。

　多国籍企業の国際課税で，判断基準の一つは，進出先の国で，恒久的施設（PE，permanent establishment）を持つか否か，である。つまり，アマゾンが日本で営業する場合，アマゾンが日本に工場などの恒久的施設を有していれば，課税することになる。こうした原則は，製造業企業には妥当するが，IT企業には妥当しにくい。IT企業は，工場のような有形固定資産を持たず，ソフトや情報，データといった無形資産が中心だからである。

　フェイスブックの日本法人が，2019年に国税局の税務調査によって，約5億円の申告漏れを指摘され，法人税追徴税額1億数千万円を支払った，と報道された。フェイスブックは，広告料収入が売上高の中心である。日本国内の広告契約は，フェイスブック・日本法人と交わすのではなく，フェイスブック・アイルランド法人と交わされてきた。したがって，日本国内の広告主は，フェイスブック・アイルランド法人に，広告料を支払い，その後，アイルランド法人が日本法人に対し，支払いしていた。この結果，フェイスブックは，日本での法人税実効税率約29.7％の課税を免れ，アイルランドでの12.5％で納税してきた。しかし，日本の国税当局は，これを申告漏れと判断し，追徴課税した。

　GAFAは，ファイナンスでは，キャッシュフローを重視し，損益計算書の赤字をいとわない，と言われる。つまり，成長のために，先行投資を大胆に行い，減価償却費などのキャッシュフローを重視し，結果として損益計算書の最終利益が赤字になることもあった。これは，キャッシュフローという内部資金を活用した資金調達であり，キャッシュフロー最大化の一環として，税務戦略が位置づけられていると言えよう。

　本章では，企業のファイナンスに関連して，税制が関連することを学んだ。企業が内部資金でファイナンスする場合，節税し，税引後の利益を増やすことは重要な課題となる。それは，個人事業主，中小企業に始まり，巨大な多国籍企業に至るまで共通している。

参考文献

植田和弘・新岡智編『国際財政論』有斐閣，2010年。

EU, *Taxation trends in the European Union* 〔2015〕.

さらに読み進めたい人のために

代田純『日本国債の膨張と崩壊』文眞堂，2017年。
　＊とくに「第2章　我が国の法人税と課税所得」。
植田和弘・新岡智編『国際財政論』有斐閣，2010年。
　＊とくに「第7〜9章　グローバル化と国際課税」。
代田純『ユーロと国債デフォルト危機』税務経理教会，2012年。
　＊ユーロ危機と財政危機の関係を分析。

（代田　純）

第 10 章
企業金融の理論
——企業の価値って何？——

—— Short Story ——

　ミネオ君は大学 3 年生，そろそろ就職活動が気になり始めています。そんなとき，バイトの帰りにこの春から社会人になったサークルの先輩と偶然電車で一緒になりました。

　ミネオ君「先輩，お久しぶりです。仕事どうですか？」

　先輩「まだ研修中だから，仕事についてはなんとも言えないね。でも，この間，経済雑誌を読んでいたら，日本の企業価値ランキングでうちの会社がトップ10に入っていたから，どんな仕事になってもやりがいがありそうだよ。」

　ミネオ君「それはすごいですね。」

　先輩「それに，社債を発行して得たお金で自社株買いをすると発表してから，株価も上がってるね。」

　そんな話をしているときミネオ君の家がある駅に着いたので，ミネオ君は電車を降りなければなりませんでした。

　駅から家まで歩いていると，先ほどの先輩との会話について次々と疑問がわいてきました。

　「先輩の会社は社債を発行して自社株を買い戻すと言ってたけど，負債って少ない方がいいんじゃないの？　大学の授業では，株式は事業のための資金を株主から集めるために発行するって聞いたけど，負債を増やしてまで買い戻しちゃったら，日本でトップ10に入るほどの企業価値が減っちゃうんじゃない？　そもそも，企業価値ってどうやって測るんだ？…」

　ミネオ君の疑問は尽きません。

　2020年2月下旬から日米をはじめ世界的な株価の暴落が始まり，1ヵ月足らずの間に日経平均の高値からの下落率は3割以上に達した。原因は，新型コロナ・ウイルスの世界的な蔓延による社会・経済の混乱を受けたものである。

　こうしたウイルスの蔓延は，もちろん偶然によるものであろう。しかし，顧みれば，1997〜98年の日本の金融危機，2008年のリーマン・ショックによっても株価は暴落しており，およそ10年に1度の間隔で株価暴落が生じているのは不思議である。

　一般的に，企業の株価はその企業の企業価値を反映するといわれる。しかし，およそ10年周期での株価の高騰と暴落が繰り返される現実を見ると，企業価値の過大評価とその修正が10年周期で繰り返されているとも考えられよう。では，そもそも企業価値はどのようにして決まるのだろうか。また，その企業価値は株式発行や負債といった資金調達の方法によって影響を受けるのだろうか。本章では，「企業価値」をキーワードとして企業金融の基本的な考え方につき学習していこう。

1　割引現在価値と配当割引モデル

割引現在価値の考え方

　突然だが，「10万円もらえるとしたら『今』と『1年後』のどちらを選びますか」と聞かれたら，あなたはどちらを選ぶだろうか。現在のように預金金利が極端に低い時代であれば，「どちらでもよい」と答えてもよいかもしれない。しかし，預金金利がたとえば5％（0.05）のような時代であれば「今欲しい」と答える方が合理的だ。なぜならば，今10万円をもらってすぐに銀行に預金すれば，1年後には利息5000円（10万円×5％）がついて預金残高は10.5万円となっているからだ。

　このように考えると，1年後の10万円と今の10万円とは等価ではない。預金金利5％の下で今の10万円が1年後に(1＋0.05)×10万円＝10.5万円となるのならば，1年後の10万円は，現在の価値で10万円÷(1＋0.05)＝9万5238円しかないことになる。

　では，預金金利5％で今10万円を預金すると2年後の預金残高いくらになるだろうか。複利の金利で考えると，今預金した10万円の預金残高は，1年後に

10万円×(1+0.05)＝10.5万円，2年後には10万円×(1+0.05)×(1+0.05)＝11万250円となっている。このプロセスを逆に考えると，2年後の10万円は現在の価値に直すと10万円÷(1+0.05)²＝9万703円ということになる。

　以上の考え方をさらに3年後，4年後，…と延長すると，3年後以降の10万円の現在価値は次のように計算される。

$$3年後：\frac{10万円}{(1+0.05)^3}, \quad 4年後：\frac{10万円}{(1+0.05)^4}, \quad 5年後：\frac{10万円}{(1+0.05)^5}, \cdots$$

　ここまでは，もらえる金額や預金金利などにつき具体例で考えてきたが，一般的な場合でも同じ関係が成り立つ。つまり，金利100×r％（r）の下でn年後のa円を現在の価値に直すと $\frac{a}{(1+r)^n}$ と表すことができる。ここで $\frac{a}{(1+r)^n}$ をa円の「割引現在価値」または単に「現在価値」といい，rを「割引率」という。

　では次の質問に移ろう。5年後に100万円の元本が償還（返済）され，1年後から5年後までの5年間，毎年10万円の利息が支払われる債券（利付債）が発行される。割引率を5％とするとき，あなたはこの債券をいくらで買いますか。

　単純に考えれば，1年後から5年後まで毎年10万円の利息がもらえ，さらに5年後に100万円が償還されるのだから，この債券の価値は10万円×5＋100万円＝150万円となりそうである。しかし前述したように，将来の10万円または100万円は現在の10万円や100万円と等価ではないため，それらの金額を現在価値に直す必要がある。割引率5％の下で1年後から5年後までの10万円，5年後の100万円を現在価値に直し，それらを合計することにより，この債券の価値 V_d は次のよう表される。

$$V_d = \frac{10万円}{1+0.05} + \frac{10万円}{(1+0.05)^2} + \frac{10万円}{(1+0.05)^3} + \frac{10万円}{(1+0.05)^4} + \frac{10万円}{(1+0.05)^5}$$
$$+ \frac{100万円}{(1+0.05)^5}$$
$$= 121万6,474円$$

　したがって，この債券が121万6474円より安い価格で発行されれば，あなた

は買って利益を得ることができる。

　この例を一般化すれば，償還までの期間がn年，毎年の利息（表面利率×額面）がC円，償還価格（額面）がR円の債券の価格P_dは，割引率をr_dとして式で表すことができる。

$$P_d = \frac{C}{1+r_d} + \frac{C}{(1+r_d)^2} + \cdots\cdots + \frac{C}{(1+r_d)^{n-1}} + \frac{C}{(1+r_d)^n} + \frac{R}{(1+r_d)^n} \qquad (1)$$

　ここで，少し寄り道をして上の（1）式の意味を考えてみよう。この式の両辺に$(1+r_d)^n$をかけると，次のようになる。

$$\text{左辺} = (1+r_d)^n \times P_d = (1+r_d)^n P_d$$

$$\text{右辺} = (1+r_d)^n \times \Big(\frac{C}{1+r_d} + \frac{C}{(1+r_d)^2} + \cdots\cdots + \frac{C}{(1+r_d)^{n-1}} + \frac{C}{(1+r_d)^n}$$

$$+ \frac{R}{(1+r_d)^n} \Big) \qquad (2)$$

$$= (1+r_d)^{n-1}C + (1+r_d)^{n-2}C + \cdots + (1+r_d)C + C + R)$$

　この（2）式の左辺は，債券への投資額P_d円を複利利率$100 \times r_d$％でn年間運用したときのn年後の元利合計額を表す。一方，この式の右辺は，この債券から得られる毎年の利息C円を複利利率$100 \times r_d$％で償還までの期間運用し，さらにn年後に償還される額面R円を加えた総額を表す。

　つまり，割引率r_dは，別の観点からみれば，この債券にP_d円を投資した場合に得られる毎年の平均（複利）収益率（これを「内部収益率」という）を表しており，このr_dがこの債券の利子率（または利回り）となる。

応用としての配当割引モデル

　前項では，現在価値の考え方に基づいて，債券価格P_dがどのように表されるかを考えた。本項では，さらにこの考え方を株価（株式の価値）に応用してみよう。

　債券（利付債）も株式も有価証券であるが，両者には次のような違いがある。

(1)債券には元本（額面）が償還される満期日が確定しているが，株式には満期日がなく，したがって元本の返済がない。

(2)債券は，発行時点で毎年（通常は半年ごと）支払われる利息（表面利率×額面）が確定している。しかし，株式の投資家に年1回または2回支払われる配当金は業績の影響を受けるため確定していない（無配の場合もある）。

　このような，債券と株式の性質の違いを考えると，前述した債券価格を表す（1）式を株価に応用するためには，次のように問うことになろう。1年後から5年後まで予想される配当金が各々3円，3円，4円，4円，3円の株式がある。この株式は5年後に100円の株価で売却できると予想される。この株式に対して推定される割引率が5％のとき，あなたはこの株式をいくらで買いますか。

　（1）式を用いると株価 P_e は次のように計算される。

$$P_e = \frac{3円}{1+0.05} + \frac{3円}{(1+0.05)^2} + \frac{4円}{(1+0.05)^3} + \frac{4円}{(1+0.05)^4} + \frac{3円}{(1+0.05)^5} + \frac{100円}{(1+0.05)^5}$$

$$= 93円$$

　この例を一般化すれば，投資期間が5年，第 k 年後の予想配当金が D_k 円，5年後の予想売却価格が P_5 円の株式の現在の株価 P_e 円は，株式市場が想定している割引率を r_e として次のように表すことができる。

$$P_e = \frac{D_1}{1+r_e} + \frac{D_2}{(1+r_e)^2} + \frac{D_3}{(1+r_e)^3} + \frac{D_4}{(1+r_e)^4} + \frac{D_5}{(1+r_e)^5} + \frac{P_5}{(1+r_e)^5} \qquad （3）$$

　ここでの問題は，5年後の予想株価 P_5 円はあくまで予想であることである。仮にこの予想株価も，6年後から10年後までの予想配当金（D_6円～D_{10}円），10年後の予想株価 P_{10} 円に基づいて決まっているとすると，P_5 円は次のようになる。

$$P_5 = \frac{D_6}{1+r_e} + \frac{D_7}{(1+r_e)^2} + \frac{D_8}{(1+r_e)^3} + \frac{D_9}{(1+r_e)^4} + \frac{D_{10}}{(1+r_e)^5} + \frac{P_{10}}{(1+r_e)^5}$$

　この式を（3）式に代入すると，

$$P_e = \frac{D_1}{1+r_e} + \cdots + \frac{D_5}{(1+r_e)^5} + \frac{P_5}{(1+r_e)^5}$$

$$= \frac{D_1}{1+r_e} + \cdots + \frac{D_5}{(1+r_e)^5} + \frac{1}{(1+r_e)^5} \times P_5$$

$$= \frac{D_1}{1+r_e} + \cdots + \frac{D_5}{(1+r_e)^5} + \frac{1}{(1+r_e)^5} \times \left\{ \frac{D_6}{1+r_e} + \cdots + \frac{D_{10}}{(1+r_e)^5} + \frac{P_{10}}{(1+r_e)^5} \right\}$$

$$= \frac{D_1}{1+r_e} + \cdots + \frac{D_5}{(1+r_e)^5} + \frac{D_6}{(1+r_e)^6} + \cdots + \frac{D_{10}}{(1+r_e)^{10}} + \frac{P_{10}}{(1+r_e)^{10}}$$

ここで，将来の予想株価につき同様のプロセスを適用し続けると，結局，P_e は次のように表される。ここで，「∞」は無限の大きさを示す数学記号である。

$$P_e = \frac{D_1}{1+r_e} + \frac{D_2}{(1+r_e)^2} + \frac{D_3}{(1+r_e)^3} + \cdots = \sum_{k=1}^{\infty} \frac{D_k}{(1+r_e)^k} \qquad (4)$$

つまり，株価（または株式価値）は将来の予想配当金を割引率 r_e で現在価値に直し，それらを無限遠の将来にわたって合計した値として計算されることになる。これは株価を評価する配当割引モデル（DDM）と呼ばれる。

この配当割引モデルを用いて株価（理論株価）を計算するためには大きな難問がある。それは，無限遠の未来まで株式発行企業の配当金を予想することは不可能なことだ。一般的には，企業発表または証券関連資料から入手できる予想配当金はせいぜい 2 年後（2 期先）までである。そこで次のように 2 つの方法が用いられる。

1 つは，1 年後（1 期先）の配当金が永遠に続くと仮定することである。この場合，$D_1 = D_2 = D_3 = \cdots$ だから（4）式は，

$$P_e = \frac{D_1}{1+r_e} + \frac{D_1}{(1+r_e)^2} + \frac{D_1}{(1+r_e)^3} + \cdots = D_1 \sum_{k=1}^{\infty} \frac{1}{(1+r_e)^k} = \frac{D_1}{r_e} \qquad (5)$$

と，簡潔な形で表せる。

2 つ目は，1 年後（1 期先）の配当金を起点として，2 年後（2 期先）以降の配当金が毎年 $100 \times g$％の一定率で成長していくと仮定することである。このとき，2 年後以降の配当金は $D_2 = (1+g)D_1$，$D_3 = (1+g)^2 D_1$，$D_4 = (1+g)^3 D_1$，$\cdots$ と計算されるので，これらを（4）式に代入すると株価 P_e は次のよう

に表すことができる。

$$P_e = \frac{D_1}{1+r_e} + \frac{(1+g)D_1}{(1+r_e)^2} + \frac{(1+g)^2 D_1}{(1+r_e)^3} + \cdots = \left(\frac{D_1}{1+g}\right) \sum_{k=1}^{\infty} \left(\frac{1+g}{1+r_e}\right)^k$$

$$= \frac{D_1}{r_e - g} \quad (\text{ただし } g < r_e) \tag{6}$$

　この配当の成長率を仮定したモデルは、とくに「一定成長配当割引モデル」と呼ばれる。（5）式と比べると分母が配当の成長率gだけ小さくなっているが、これは現在価値に直すための割引による配当金の減少が配当の成長（つまりは毎年の増加）で補われるためである。つまりは、配当を割り引くときの分母が「－g」だけ小さくなることにより、結果として配当の成長を考えない場合より株価P_eが大きく計算されるのである。

2　企業価値を測る

企業価値とは

　前節の説明では、債券の利息と元本、株式の配当金を現在価値に割り引くことによりそれらの価格が推定できることを説明した。しかし、そもそも債券、株式を発行した企業（株式会社）が利息と元本、または配当金を投資家に支払えるのも、それを可能にするだけの収益力や資産をその企業が持っているからである。

　このように考えれば、収益力が高く、多くの資産を保有している企業は価値が高いと推測でき、逆に収益力が低く、資産も乏しい企業の価値は低いと推測される。つまり、ある企業への投資判断や買収判断にはその企業の価値がどの程度あるのかを測ることが重要となる。

　では、企業（株式会社）の価値はどうやって測ればよいのだろうか。企業が公表する貸借対照表の左側（資産の部）には、企業が特定時点で保有している金融資産や事業資産などの金額が記録されている。しかし、事業資産のなかの建物や機械設備の金額は減価償却後の簿価（それら設備の取得額に基づく貸借対照表上の表示額）であるため、時価（仮にそれらを中古市場で売却した場合の価値）に評価し直さなければならず、これは容易ではない。

そこで，企業価値を測るため，貸借対照表の右側（負債の部，純資産の部）からアプローチする。つまり，企業は株主および債権者から調達した資金で事業資産（および金融資産）を購入して事業を運営し，その結果得た収益を株主と債権者に還元すると考えるのだ。このアプローチに基づくと企業価値は次のように定義できる。

企業価値＝株主に帰属する株主価値＋債権者に帰属する債権者価値
　　　　　＋（余裕資金，未利用土地など）非事業資産の価値

以下では，非事業資産の価値は無視して話を進める。

　企業価値を上記のように定義したとき，それを測る方法として 2 つのアプローチがある。

　第 1 は，株主価値と債権者価値とを別々に推計し，両者を合計する方法である。具体的には，たとえば，前述した配当割引モデルを用いて理論株価を算出し，それに発行済株式数をかけることにより株主価値を推計する。一方，債権者価値は貸借対照表から有利子負債額を計算し，それに非支配株主持分（子会社の純資産のうち，企業価値の評価対象である親会社が出資していない部分）を加えることにより推計する。ここで，非支配株主持分を有利子負債と同様に債権者価値に加えるのは，その定義から，非支配株主持分の資産価値（権利）が，企業価値の評価対象企業（親会社）に属さず，その他の企業（他社）に属すためである。

　企業価値は連結ベースで考える。子会社の自己資本には親会社が出資した部分以外に，他社が出資した部分が含まれる。仮に，子会社を清算する場合，非支配株主持分は他社（親会社以外）に返還しなければならず，有利子負債と同じと考えて，債権者価値に加える。

　企業価値を測る第 2 のアプローチは，企業が将来獲得すると予想されるフリーキャッシュフロー（以下では CF と略す）をある割引率で割り引いて，企業価値を直接推計する方法である。これを割引キャッシュフロー（DCF）モデルという。なお，このモデルで用いる割引率は，後述する理由により「資本コスト」と呼ばれるため，以下ではこの用語を用いる。ここでのフリーキャッシュフローは，将来時点での予測値に基づくため，第 2 章での実績値に基づく計算

とは異なっている。

　この方法のポイントは，株主資本と負債により各々得られる CF を区別せ
ず，企業が獲得する CF 全体を考えることである。その理由は，株主（自己資
本），債権者（負債）から調達した資金がどの事業資産の購入に使われたかは明
らかでないためである。

　この方法によれば，推計した企業価値から，前述の方法で求めた債権者価値
（負債の簿価）を差し引くことにより，株主価値を推定できる。さらに，推計し
た株主価値を発行済株式数で割ることにより理論株価も推計できるのである。

　ここまで企業価値を推計するための２つの方法を紹介したが，第１の方法に
利用できる割引配当モデルは前項で説明したので，以下では DCF 法の考え方
を説明しよう。

　前述したように，DCF 法は企業が将来にわたり獲得すると予想される CF
を資本コストで割り引くことにより企業価値を推計する。したがって，その原
理は配当割引モデルと同じである。つまり前項で説明した配当割引モデルにお
いて，将来の予想配当 D_k と割引率 r_e の代わりに，それぞれ将来の予想フリー
キャッシュフロー CF_k と資本コスト r_w を置けば，企業価値 V は次の式で表さ
れる。

$$V = \frac{CF_1}{1+r_w} + \frac{CF_2}{(1+r_w)^2} + \frac{CF_3}{(1+r_w)^3} + \cdots = \sum_{k=1}^{\infty} \frac{CF_k}{(1+r_w)^k}$$

　ここで，無限遠の CF を予想することは不可能なので，配当割引モデルの場
合と同様に $CF_1 = CF_2 = CF_3 = \cdots$ と仮定すれば，

$$V = \frac{CF_1}{r_w} \tag{7}$$

と計算される。

　さらに，一定成長配当割引モデルと同様に，CF が毎年100×g％の一定率で
成長していくと仮定すると，企業価値は次のように表される。

$$V = \frac{CF_1}{r_w - g} \quad （ただし g < r_w） \tag{8}$$

（7）式と比べると分母が CF の成長率 g だけ小さくなっているが，これは，上述した（6）式の場合と同様に，フリーキャッシュフローが毎年成長（つまりは毎年の増加）することで，現在価値に直すための割引による毎年のフリーキャッシュフローの減少が軽減されるためである。つまりは，フリーキャッシュフローを割り引くときの分母が「−g」だけ小さくなることにより，結果としてフリーキャッシュフローの成長を考えない場合より企業価値 V が大きく計算されるのである。

　これらのいずれの式により企業価値を推計するにしても，ポイントはフリーキャッシュフロー CF と資本コスト r_w をどのように測るかである。資本コストの計測は込み入っているため，その説明を次節に回し，以下ではフリーキャッシュフローにつき簡単に説明しよう。

　フリーキャッシュフロー（CF）は，ある会計期間において，事業活動により実際に得た現金の流入額から，事業活動を行ううえで実際に支出した現金の流出額を差し引いたものであり，いわば企業が自由に利用できるお金をいう。

　したがって，会計上（損益計算書）の当期純利益と異なり，企業の売上額から，原材料費や人件費などの費用に加え，税金や設備投資額などをすべて支出した後に手元に残るネットの現金増加額を計算しなければならない。ただし，企業価値には負債も含まれるため，債権者に分配する支払利息は CF に含まれなければならない。企業価値を測るための CF は次の式で計算できる。

$$CF = 営業利益 \times （1 - 実効税率） + 減価償却費$$
$$- 設備等投資額 - 運転資本増加額（または + 運転資本減少額）$$

　まずは，企業の儲けを表す営業利益がベースになる。この営業利益から税金を控除するために，（1 − 実効税率）が掛けられている。

　次に，減価償却が加えられる一方で設備等投資額が除かれているが，これは次の理由による。減価償却費は会計上の概念であり，実際に現金が支出されているわけではないので，加算される。一方，設備投資として購入された建物，機械等の購入額は，会計上は減価償却費としてそれらの耐用年数にわたり分割して会計処理されるが，実際にはその購入費用は購入した時点で現金として支出されるので差し引かなければならない。

　最後に，運転資本増加額とは貸借対照表に基づき計算される運転資本の前年
度差を意味するが，これが増加すれば当然現金が流出するので差し引かれる。
反対に，それが減少した場合には現金が流入するので，運転資本減少額をCF
に加えなければならない。

資本コストをどのように測るか

　読者のみなさんは，本章第1節で債券価格（価値）P_dを求める（1）式の説
明の中で，割引率r_dがこの債券投資家にとっての「内部収益率」を表すと説
明したことを覚えているだろうか。

　債券の場合，毎年得られる利息Cと，最終的に元本（額面）が償還される満
期日が発行時に確定しているため，債券を発行した発行体（企業）の破綻可能
性が小さい限り，割引率r_dを内部収益率と見なしてもよいであろう。

　しかし，株式の場合には，毎年の配当金は確定していないうえ，売却時の価
格も不確定である。このため，投資家にとって株式投資は債券投資よりリスク
が大きく，株価を評価するときの割引率も債券価格の場合より大きく見積もら
なければならない。

　したがって，株価を評価するための配当割引モデルで用いる割引率r_eは，
株式投資家にとって確定的な内部収益率というより，株式投資のリスク（つま
り企業の事業リスク）を反映した「（投資家が要求する）必要収益率」を表すこと
となる。ここで事業リスクとは，広義には企業が将来にわたり事業を継続する
にあたり直面するリスクをいう。しかし，以下では株式投資リスクとの関連で
この用語を使うため，「主として景気変動によって，企業利益が予想（期待）
から乖離してしまうリスク」を意味するものとする。

　このように考えると，債券（または負債）価値や株式価値を評価する際の割
引率である「内部収益率」または「必要収益率」という呼び方は，あくまで投
資家が債券や株式に投資する際に要求する収益率であることを表している。し
かし，これを株主や債権者から資金を調達する企業側から見れば，いずれも資
金調達する際に株主や債権者から要求されるコストと考えることができよう。
したがって，企業側からすればr_dは「負債の資本コスト（以下，負債コストと
略す）」，r_eは「株主の資本コスト（以下，株主資本コストと略す）」と呼ぶことが
できる。

　ここまで説明したところで，本題の資本コストの説明に移ろう。第2項で導出した企業価値（DCF法）の計算式（7）または（8）からも分かるように，資本コストとは将来の予想CFを割り引くための割引率を表す。また，事業から生み出されるCFは資本提供者である株主と債権者とに帰属すべき部分が合計されているため，その割引率である資本コストにも株主資本コストと負債コストの両方が含まれなければならない。そこで，株主資本コストと負債コストとを，各々，株主資本総額と負債総額（有利子負債＋非支配株主持分）との比率に応じて案分し，資本コストを計算する。このため加重平均資本コスト（WACC）と呼ばれ，式で表すと以下のようになる。

$$r_w = \frac{E}{D+E}r_e + \frac{D}{D+E}r_d(1-t) \qquad\qquad (9)$$

　ここで，Eは株主資本総額，Dは負債総額，tは実効税率を表す。また，負債コストに（1-t）が掛けられている理由は後述する。なお，本節第1項で述べたように，企業価値は株主価値と債権者価値（＋非事業資産価値）との合計で表されるから，（7）式（または（8）式）とD，Eの定義より $V = \frac{CF}{r_w}$ （または $\frac{CF}{r_w-g}$）＝E＋D の関係が成立することに留意してもらいたい。
　では次に，r_w を構成する r_d と r_e を計測する方法を説明していこう。

(1)負債コスト
　債権者により企業が要求されるコストは，最初の債務契約時（社債の場合は発行時）に決めた借入利子（社債の場合は額面に対する表面利率）となる。したがって，その企業の有利子負債利子（支払利息を有利子負債額の期中平均で割ったもの）を負債コストとみなすことができる。
　ここで，説明を留保しておいた r_d に（1-t）が掛けられている理由を説明しよう。法人税の計算において有利子負債に係る支払利息は損金として事業利益から控除されるため，支払利息の額だけ課税対象利益が少なくなり，支払う税金が節約できてしまう。これを「負債（調達による）の節税効果」という。したがって，この支払利息の節税効果の分（つまり（1-t））だけ負債コストは小さくなるため，節税効果を考慮した負債コストは $r_d \times$（1-t）と計算されるのである。

(2)株主資本コスト

株主資本コストは企業の株式収益率（（株式の売値−株式の買値＋配当金）÷株式の買値×100（％））をベースに推計される。前述したように株主資本コストは企業の事業リスクが反映されると考えられ，さらにその事業リスクをその企業の株価が反映すると想定されるからだ。たとえば，食品加工など景気変動に対して安定した事業を営む（つまり事業リスクが小さい）企業の株価変動は小さいが，景気変動の影響を受けやすい（つまり事業リスクが大きい）工作機械製造を主たる事業とする企業の株価変動は大きい。

このため，株主資本コストを推計するために，資本資産評価モデル（CAPM）の考え方が使われる。これは，個別企業株式の収益率を，市場全体（TOPIX や日経平均）の収益率と無リスク資産の収益（通常は10年物国債の金利）とで説明するモデルである。

まず，ある特定期間（たとえば 2 年間の毎週）における市場全体の株式収益率 X と A 社株の収益率 Y_A との間の関係を考えよう。X と Y_A のデータを使って推計したところ，両者の間には次のような 1 次関数の関係が見出されたとする。

$$Y_A = \beta_A X + \alpha_A$$

ここで，α_A は y 切片，β_A は直線の傾きである。

一方，B 社株の収益率 Y_B についても同じように調べたところ，X と Y_B との間にも次のような 1 次関数の関係が見出されたとする。

$$Y_B = \beta_B X + \alpha_B$$

これらの関係を図示したものが図10 - 1 である。これら 2 本の直線を比べると，X（市場全体）が上昇または下落して変化したとき，Y_A（A 社株価）の方が Y_B（B 社株価）より大きく変化することが分かる。これはつまり，直線の傾きを表す β_A が β_B より大きいためである。

前述したように，A 社，B 社の株価変動の大きさが各社の事業リスクを反映すると考えるならば，結局 β_A や β_B の大きさが各々 A 社，B 社の事業リスクを表すと言えよう。このような意味を持つ β_A，β_B は「市場 β（ベータ）値」と

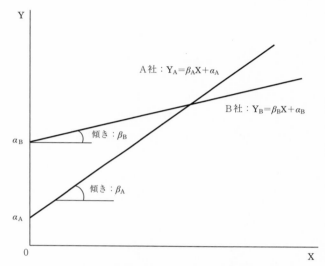

図10-1　個別銘柄の株式収益と市場全体の株式収益率の関係
出所：筆者作成。

呼ばれ，証券市場全体の平均的なリスクを基準とした場合に，各企業の株式（または事業）が持つリスクの大きさを示す尺度を表している。

CAPM理論によれば，このβ値を使って個別企業の株主資本コストr_eは次のように推計される。

$$r_e = \beta(r_m - r_f) + r_f \tag{10}$$

ここで，r_mは市場全体の収益率（これまでの説明ではXと表していたもの），r_fは無リスク資産の収益率を表す。

個別企業の株式に投資する投資家は，無リスク資産の収益率（r_f）をベースとし，さらにその企業の株価（事業）リスクに見合うリスクプレミアム（$\beta(r_m - r_f)$）を追加した収益率（必要収益率）を要求することを（10）式は示している。したがって，それを満たすr_eが企業にとっての株主資本コストとなるのである。

最後に，（10）式がもつ別の意味を説明しておこう。市場β値の説明から明らかなのでこれまで明示してこなかったが，（10）式は個別企業の株主資本コ

ストを説明したものである。このため，以下に示されるように，厳密には
(10) 式の r_e や β は，たとえばある企業 A 社の場合であれば r^A_e, β_A となるように，個別企業ごとに (10) 式の関係が存在する。

A 社の株主資本コスト $r^A_e = \beta_A(r_m - r_f) + r_f$

　一方，この式からも分かるように，$(r_m - r_f)$ と r_f の部分はすべての企業に対して共通だから，A 社と B 社の 2 社において $\beta_A < \beta_B$ の関係であれば $r^A_e < r^B_e$ が成立する。つまり，β 値が大きいほど r_e も大きくなることを表している (10) 式は，投資家にとってハイリスクな株式投資（事業）にはハイリターンが想定されていることを示している。

3　資本構成と企業価値

モジリアーニ・ミラーの理論

　前項では，企業価値が主として株主に帰属する株主価値と債権者に帰属する債権者価値との合計で表されることを示した。それでは，企業価値が最大になるような負債と株主資本の割合（資本構成）はあるのだろうか。これは「資本構成の問題」と呼ばれる。

　結論から言えば，完全な資本市場の下では資本構成は企業価値に影響を与えない，ということになる。これはモジリアーニ・ミラーの理論（両者の頭文字をとって MM 理論）と呼ばれ，次の 2 つの命題からなる。

- 第 1 命題：企業価値は資本構成に影響されない。
- 第 2 命題：株主資本コストは負債比率の上昇にしたがって高くなる。

　また，この理論の前提となる「完全な資本市場」とは次の条件を満たすものである。第 1 に，税金は存在しない。第 2 に，経営者，債権者，株主の 3 者の間で常に同じ情報を共有している（完全情報）。第 3 に，企業価値を最大化するために認められる行動と認められない行動とを完全に網羅した契約を，株主と経営者との間で結んでいる（完備契約）。最後に，証券売買に係る取引費用およ

び証券の発行費用は存在しない。

　以下では，具体的な例を設定して，第 1 命題と第 2 命題を示していこう。

第 1 命題の例証

　前述した完全な資本市場の下で事業内容，事業規模ともまったく同一の U 社と L 社を考えよう。両社とも，その事業を行うためには200億円の事業資産（生産設備）が必要であり，さらに次のような共通の特徴を備えている。

(1)営業利益の期待値は毎年30億円で一定。
(2)取引はすべて現金取引であり（したがって売上債権も仕入債務もない），減価償却費に等しい額だけ設備投資を行うため，営業利益が CF と等しくなる。
(3)利益は全額配当される。

　U 社と L 社の違いは，200億円の事業資産を得るための資本構成のみである。U 社は200億円全額を株主資本で賄い，L 社は100億円を株主資本，100億円を負債（社債発行）で賄う。そのため，U 社は 1 株100円で 2 億株発行し，L 社は 1 株100円で 1 億株発行する。L 社の負債につき，負債の利子率は毎年 8 ％で一定であると仮定する。さらに，負債を有する L 社の倒産リスクはないものとする。

　以上の前提の下で U 社または L 社から株主および債権者が得られる CF を整理すると表10-1のように示される。

　あなたがベンチャー投資家だとしたら，U 社と L 社のどちらに投資するだろうか。これを判断するためには両社の企業価値を考える必要があろう。

　前節で説明した DCF 法のうち（7）式の考え方によれば，企業価値は事業リスクを反映した資本コストで CF を割ることによって求められる。まず，先に示したように資本提供者への CF は両社とも同じ30億円である。一方，U 社，L 社とも事業規模と事業内容は同一だから事業リスクも等しい。つまり，各社に対する資本コストも同じと判断される。したがって，CF も資本コストも等しいのだから両社の企業価値は等しく，このことは企業価値が資本構成に左右されないことを示している。

　では，ここで仮に，この事業を遂行するために L 社はこれまで通り200億円

表10-1　MM理論第1命題の仮設例 （億円）

	U社	L社
（A）営業利益	30	30
（B）負債利息 （債権者へのCF）	0	8
（C＝A－B）純利益 （配当：株主へのCF）	30	22
（D＝B+C）資本提供者へのCF	30	30

出所：筆者作成。

の資金が必要であるのに対して，U社は180億円しか必要ないとしたらどうなるだろうか。この資金調達のためにU社が発行を予定している株式数は上記の例と同じ2億株とすると，180億円の資金を調達するにはU社は1株90円で2株を発行すればよい。

　L社とU社の資金調達を投資家側から見れば，L社への資本提供額200億円に対して，U社には180億円でよい。一方，CFは両社とも30億円だから，提供資本額に対する収益のパフォーマンスはU社の方が上なので，U社にはあなた以外にも資本提供を希望するベンチャー投資家が現れるだろう。そうなると，あなたを含めた複数のベンチャー投資家間の競合により，U社の発行株価は上昇する。そして，1株100円まで上昇し，U社への出資額がL社と同じ200億円（100円×2億株）となったところで発行株価の上昇は止まるから，最終的にU社とL社の企業価値は等しくなる。

　結局，完全市場においては，企業価値は資産が生み出すCF全体の市場価値に等しく，企業の資本構成とは無関係に決まるのである。

第2命題の例証

　ここでも，第1命題の例証で用いたU社とL社の設定に基づいて説明していこう。

　L社の株主資本総額と負債総額を各々E_L，D_Lとし，また株主資本コストと負債コストをそれぞれr_e^L，r_d^Lとすると，L社の資本コストr_w^Lは前項の（9）式により次のように表すことができる。ここで，完全な資本市場の1番目の仮定から，税金は存在しないことに注意してほしい。

$$r_w^L = \frac{E_L}{D_L+E_L}r_e^L + \frac{D_L}{D_L+E_L}r_d^L \tag{11}$$

　一方，U社には負債がないから，U社の資本コストは株主資本コストのみで

あり，それを r^U_e と表す。

　前述したように，U社，L社の事業内容と事業規模は同一であり，しかも毎期の営業利益も等しいから両社の事業リスクは同じと判断できる。これは両社の資本コストは等しいことを意味するから，$r^L_w = r^U_e$ となるはずである。そこで，この r^L_w の部分に（11）式を適用すると次の関係が成立する。

$$r^L_w = \frac{E_L}{D_L + E_L} r^L_e + \frac{D_L}{D_L + E_L} r^L_d = r^U_e$$

この式をL社の株主資本コスト r^L_e について整理すると以下のようになる。

$$r^L_e = r^U_e + \frac{D_L}{E_L}(r^U_e - r^L_d) \tag{12}$$

　この式は，次のことを意味する。負債を有する企業Lの株主資本コスト r^L_e は，負債比率（D_L/E_L）と，負債がない場合の株主資本コストと負債コストとの差（$r^U_e - r^L_d$）の2つから影響を受ける。そして，r^U_e が r^L_d より大きいとき，負債比率が大きいほど r^L_e は r^U_e を大きく上回るから，まさに第2命題が成立する。

　この第2命題は次のことを含意している。株主資本のみで事業を運営したときの株式の期待収益率が負債の期待収益率より高い場合には，事業の収益性が高いので，負債による資金調達を増やして事業を拡大し，株主の期待収益率を高めるべきである（負債のレバレッジ効果）。逆の場合には，負債を減らすことにより事業規模を縮小することで株主の期待収益率を高めるべきである。

　前述したように，この例では，負債を負っているL社の倒産リスクはないとしており，さらにL社と負債のないU社の事業リスクは同じと仮定している。にもかかわらず，なぜL社の株主資本コストはU社の株主資本コストより大きくならなければならないのだろうか。

　これまでは営業利益の「期待値」だけを考えてきており，U社とL社の事業を取り巻く環境は考慮してこなかった。そこで，以下では事業環境が良好な時期（好況期）と劣悪な時期（不況期）を分けて考えるため，次のような前提をおいてみよう。

表 10-2　事業環境を考えたときのU社とL社の業績

	U社			L社		
	好況期	期待値	不況期	好況期	期待値	不況期
営業利益（億円）	50	30	10	50	30	10
負債利息（億円）	0	0	0	8	8	8
純利益（億円）	50	30	10	42	22	2
発行済み株式数（億株）	2	2	2	1	1	1
1株当たり利益（円）	25	15	5	42	22	2

出所：筆者作成。

(1)好況と不況の確率はともに0.5。

(2)好況期の営業利益は両社とも50億円であるが，不況期には両社とも10億円
となる。

　このような前提の下で，好況期と不況期におけるU社とL社の業績を整理
すると表10-2のようになる。

　この表でみると1株当たり利益の期待値はL社のほうがU社より大きい。
しかし，好況期と不況期における1株当たり利益の差は，U社が20円（＝25－
5）に対して，L社は40円（＝42－2）もある。これは，負債も利用して資金調
達しているL社は，不況期でも負債利子を支払わなければならず，そのぶん
だけ純利益が少なくなるためである。したがって，株主にとってはL社のほ
うがU社よりリスクが大きいことから，L社の株主資本コストはU社より大
きくなければならないのである。

　本章では，企業価値の推計と，資本構成についての重要な基本理論であるモ
ジリアーニ・ミラーの理論（MM理論）を柱に，企業金融の理論を説明してき
た。企業価値推計の考え方がMM理論のベースになるのであり，その企業価
値推計のベースが割引現在価値の考え方にあることがご理解いただけたものと
思う。

　本章の内容は次のように要約できる。

(1)株主価値と債権者価値の合計で表される企業価値は，その企業が将来にわ

　　たり生み出すフリーキャッシュフローを企業の事業リスクを反映した資本
　　コストで割り引き，それを総計することにより求まる。
　(2)しかし，税金がないなど完全な資本市場の仮定の下では，株主資本と負債
　　の資本構成は企業価値に影響を与えないことがジリアーニ・ミラーによっ
　　て示される（MM 理論）。

　最後に，本書は初学者向けであることから，企業金融理論の基本的な部分に
絞って説明してきた。したがって，たとえば法人税を考慮した場合に MM 理
論がどのように修正されるかなどについては説明していない。こういったより
進んだトピックスについては，以下に掲げる参考文献を参照してもらいたい。

参考文献

宮川壽夫『企業価値の神秘──コーポレートファイナンス理論の思考回路』中央経済社，
　　2016年。
井手正介・高橋文郎『経営財務入門［第 4 版］』（ビジネス・ゼミナール）日本経済新聞
　　出版社，2009年。
岩村充『コーポレート・ファイナンス──CFO を志す人のために』中央経済社，2013
　　年。
砂川伸幸・川北英隆・杉浦秀徳『日本企業のコーポレートファイナンス』日本経済新聞
　　出版社，2008年。

さらに読み進めたい人のために

宮川壽夫『企業価値の神秘──コーポレートファイナンス理論の思考回路』中央経済社，
　　2016年。
井手正介・高橋文郎『経営財務入門［第 4 版］』（ビジネス・ゼミナール）日本経済新聞
　　出版社，2009年。
岩村充『コーポレート・ファイナンス──CFO を志す人のために』中央経済社，2013
　　年。
　＊上記 3 冊はいわゆる企業金融理論またはコーポレートファイナンス理論の教科書で
　　ある。『企業価値の神秘』は初級者〜中級者向けの教科書となっている。『経営財務
　　入門』および『コーポレート・ファイナンス』は中級者向けであるが，なかでも
　　『コーポレート・ファイナンス』は金融市場，リスクといった金融論との関係を意

識して説明されている。

砂川伸幸・川北英隆・杉浦秀徳『日本企業のコーポレートファイナンス』日本経済新聞
　　出版社，2008年。
　＊ケーススタディを中心としたテキストであり，実際の企業の財務行動と理論との関
　　係を意識している。

（須藤時仁）

第 11 章
企業の決済とフィンテック・仮想通貨
――金融のイノベーション――

―― Short Story ――

　ミネオ君には，町工場を経営している叔父さんがいますが，先日は，少し暗い顔で「資金繰りが大変だ」とか「月末の手形の決済資金が」とか「不渡りを起こすと大変なことになる」とか言っているのを聞いてしまいました。せっかく大学で企業の経営について学んでいるので，何か良いアドバイスをしてあげられたらと思いましたが，そもそも，何を言っているのかがよく理解できていません。まずは，手形や小切手の仕組みから学ぶ必要があるらしいことが分かりました。

　また，ミネオ君は最近，仮想通貨とかブロックチェーンという言葉をよく聞くようになりました。大学の先輩であるタカシさんは，仮想通貨に投資して儲けたといって，先日飲みに連れて行ってくれました。でも，「バーチャルな通貨」と言われるようなものに，投資をしても大丈夫なのでしょうか。ミネオ君には，はたしてそれがどんなものなのかがよく分かりません。

　企業の経済活動においては，最終的には「決済」が重要となる。商品を売って，まだ代金を受け取っていない段階では，それは「未決済」の状態にあり，まだ取引は完結していない。すべての経済活動は，最終的には「代金の受渡しを行って，取引を完結させること」が必要であり，これが「決済」である。本章では，まず，こうした「決済の仕組み」についてみることとする。

　また最近では，「フィンテック」「仮想通貨」「ブロックチェーン」など，新しいデジタル技術を生かした金融サービスが数多く出てきている。本章の後半では，こうした金融のイノベーションについて解説を加えることとする。

1　企業と決済

　企業間における決済（お金の受渡し）は，金額が大きく，また支払いの頻度が高い。これを現金で行うことは，お札を数える作業などに多大な手間を要するほか，多額の現金を持ち歩くことには，盗難などの危険も伴う。このため，企業間の支払いには，しばしば「小切手」や「手形」が用いられる。

小切手の機能

　「小切手」とは，支払人が，券面に表示された金額の支払を約束する証書であり，現金に代わる支払手段として利用される。券面には，「上記の金額をこの小切手と引換えに持参人へお支払いください」という文言が書かれている。

　支払側の企業では，小切手に支払金額を書き込んで，記名捺印を行い，それを相手に渡すことによって支払いを行う。このように小切手に必要な事項を記入して，支払相手に渡すことを「小切手の振出し」といい，小切手を作成する支払人のことを「振出人」と呼ぶ。小切手を振り出すためには，あらかじめ小切手の振出ができる「当座預金」を開設し，銀行から「小切手帳」を受け取っておくことが必要である。

　小切手を渡された受取人は，これを「支払場所」となっている銀行に持っていくこと（これを「呈示」という）により，表示された金額を受け取ることができる。その際には，振出人の当座預金から，小切手に記載された金額が引き落とされるため，振出人は，支払額に見合った資金をあらかじめ当座預金に準備しておく必要がある。

　なお，当座預金を開設できるのは，企業に限定されている。また当座預金は，法令により無利子となっている。

手形の機能

　手形と小切手は，券面に金額，日付等の必要事項を記入して相手に渡すことによって，支払いを行うという点では共通しているが，大きな違いが1つある。それは，手形には「支払期日」が設けられているという点である。

　通常，手形の振出人は，「○ヵ月後にこの金額をお支払いします」という約束をして手形を振り出す。この「○ヵ月後に」というのが支払期日であり，短いもので1ヵ月や3ヵ月，長いものになると6ヵ月といったものもある。小切手は，受け取った直後からすぐに現金化できるのに対して，手形は支払期日にならなければ，現金化ができないのが特徴である。

　つまり，小切手は単なる「支払手段」であるのに対して，手形は，「支払手段」としての機能に加えて，「支払いの先延ばし」の効果を持っているのである。しかも，先延ばしした期間については，利息が発生することはない。

　手形には，振出人が受取人に対して，一定の金額の支払いを約束した「約束手形」（二者間の関係）と，振出人が支払人に受取人への支払いを委託した「為替手形」（三者間の関係）とがあるが，国内取引については，多くの場合，約束手形が用いられる。

　なお手形は，「裏書」という仕組みによって，第三者に譲渡することができる。裏書は，手形の裏面に，譲渡する相手（被裏書人）の名前を書いて，譲渡する人（裏書人）が署名・捺印して，手形を譲り渡す手続きである。この裏書という制度があることによって，手形の受取人は，支払期日の前であっても，手形を第三者へ譲渡することで資金を入手することができる。

手形による支払いの仕組み

　手形による支払いの仕組みについて，具体例に沿って述べることとする（図11-1を参照）。

(1)まず，コーヒー店がコーヒー豆店から，コーヒー豆を仕入れて，3ヵ月ものの手形で支払いを行ったものとする（つまり，「3ヵ月先に支払います」と

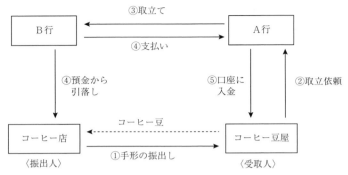

図11-1　手形による支払いの仕組み

出所：筆者作成。

いう約束をした）。

(2)受取人であるコーヒー豆屋では，3ヵ月が経って支払期日が近くなると，自分の取引銀行（A行）にこの手形を持ち込んで，現金化を依頼する。これを「取立依頼」という。

(3)A行では，支払人の取引銀行（B行）に対して，手形を呈示し，手形金額の支払いを求める。これを「取立て」という。

(4)B行では，支払人（コーヒー店）の当座預金から手形金額を引き落とし，A行に支払いを行う。

(5)A行では，B行からの支払いを受けて，受取人（コーヒー豆屋）の口座に手形金額を入金する。

　このような一連の流れによって，現金を用いることなく，振出人（コーヒー店）から受取人（コーヒー豆屋）への支払いが，無事に行われることになる。なお，小切手についても，同様な手続きにより，持参人への支払いが行われる。

手形交換所の仕組み

　上記の事例は，A行がB行に取立てを行うケースであり，これだけであれば，単純にみえる。しかし，世の中には，数多くの銀行が存在しており，多数の銀行間で，1対1で手形や小切手を1枚ずつ取立てたり，取立てられたりしていると，かなり煩雑なことになる。

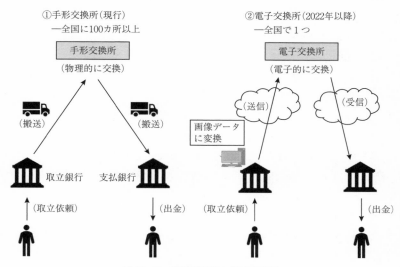

図 11 - 2　手形交換所と電子交換所

出所：筆者作成。

　このため，多くの銀行間の手形や小切手の決済をまとめて行う仕組みがとられている。これが「手形交換」という仕組みであり，現在，東京，大阪をはじめ全国各地に「手形交換所」が設けられ，銀行が取引先から取立依頼を受けた手形・小切手がそこに持ち込まれ，銀行間で毎日決済されている。

　手形交換所では，各行の他行への支払額と，各行の他行からの受取額の差額を計算し，その差額のみを決済するという方法がとられている。差し引きされた差額のことを「交換尻」という。交換尻は，1日の終わりに日本銀行に通知され，各銀行が日本銀行にもっている口座で，負け銀行（支払い超過の銀行）が支払い，勝ち銀行（受取り超過の銀行）が受取ることによって決済される。

　現在，手形交換は，全国各地の100ヵ所以上の交換所で，紙ベースの手形・小切手を物理的に交換することによって行われている（図11‐2の①）。全国銀行協会では，2022年を目途に，「電子交換所」を設立する予定である。これが実現すると，全国の銀行から手形・小切手のイメージデータ（画像データ）が電子交換所に送られて決済が行われることになる（図11‐2の②）。これにより，金融機関は，手形・小切手を物理的に搬送する必要がなくなり，大幅な効率化に繋がるとともに，災害にも強い仕組みとなる見込みである。

手形の不渡り

　銀行が手形交換所から持ち帰った手形の金額を，手形の振出人（手形により支払いを行った企業）の当座預金口座から引き落とそうとした際に，振出人の口座の残高が不足していると，手形金額を引き落とすことができない。こうした場合，この手形は，持出銀行（手形交換所に手形を持ち出して取立てを行った銀行）に返却される。

　このように，支払日に残高不足で決済ができなかった手形のことを「不渡手形」という。6ヵ月以内に2回の不渡手形を発生させた企業は，「銀行取引停止」の処分を受け，その後2年間は，銀行と当座預金取引や貸出取引ができなくなる。

　企業は，銀行抜きでは商取引を続けることはできない。多額の取引をすべて現金で決済することは不可能であり，銀行との取引がなければ，他の企業との間で資金の受払いができなくなるためである。このため，銀行取引停止は，その企業にとっては「事実上の倒産」を意味する。したがって，企業では，いったん手形を振り出すと，その決済のために細心の注意を払って支払資金を準備する必要がある。こうした処分は厳しすぎると感じるかもしれないが，これは，手形が頻繁に不渡りになるようでは，安心して手形を利用することができなくなってしまうためであり，手形の信用を守るために設けられている制度である。

国内送金と全銀システム

　手形による支払いを行うためには，手形作成にかかる手間や印紙税などのコストがかかるため，近年では，効率化の観点から，手形の利用は大幅に減少してきており，代わりに「銀行振込」による決済が主流となってきている。

全銀システムの役割

　企業間の振込や送金には，「全銀システム」という決済システムが利用されている。全銀システムは，全国の金融機関を結んで国内送金の決済を行う資金決済システムであり，全国銀行協会の傘下にある「全銀ネット」（全国銀行資金決済ネットワーク）が運営している。

　日本のほとんどの金融機関（都市銀行，地方銀行，第二地方銀行，信用金庫，信用組合，農業協同組合，ゆうちょ銀行など）が全銀システムに参加しているため，

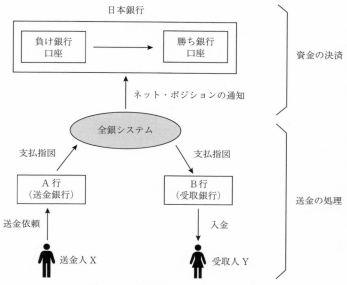

図11-3　全銀システムを通じた決済

出所：筆者作成。

日本全国の津々浦々まで送金のネットワークが形成されている。これにより，日本全国のどこの金融機関からどこの金融機関に対しても，送金を行うことが可能となっている。

　全銀システムでは，企業間の支払いのほか，個人の送金を取扱っており，銀行間の決済に比べると，1件当たりの決済金額は比較的小さいが，決済件数が膨大である点が特徴である。

全銀システムを通じた決済の仕組み

　全銀システムを通じた決済は，「送金の処理」のプロセスと，「資金の決済」のプロセスに分けてみることができる（図11-3）。

送金の処理

　たとえば，A行が送金人Xから，B行の顧客Yに対する100万円の送金の依頼（書面，インターネット経由など）を受けたものとする。このときA行（送金銀行）では，全銀システムに対して，100万円の「支払指図」を送る。全銀シス

テムでは，この支払指図をただちにB行（受取銀行）に送信する。全銀システムからの指図を受けたB行では，Yの口座に100万円を入金する。このようにして，XからYへの送金は，リアルタイムに終了することになる。ただし，この時点では，送金銀行A行と受取銀行B行との間の資金の受払いはまだ終わっていない。

資金の決済

　1日の終わりになると，全銀システムでは，加盟銀行ごとの受払いの差額を計算する。たとえば，A行について，当日中の他行への支払いが800万円あった一方で，他行から自行の顧客あての送金の受取りが600万円あったものとすると，差引き200万円を支払う必要がある。この差額の計算のことを「ネッティング」といい，この受払いの差額のことを「ネット・ポジション」という。

　各加盟銀行のネット・ポジションは，一日の終わりに全銀システムから日本銀行へ通知され，日本銀行では，負け銀行（支払超過の銀行）の口座を引き落として，勝ち銀行（受取超過行）の口座への入金を行う。このように，受払い差額の決済は，日本銀行における各銀行の口座間の資金のやりとりによって行われ，送金銀行と受取銀行との間の支払いは，一日の終わりになってようやく完了する。

大口内為取引

　1件1億円以上の「大口内為取引」については，上記のような時点ネット決済とは別に，日中に全銀システムから日銀ネット（日本銀行の運営する大口決済システム）に送られて即時に決済される扱いとなっている。これは，大口の資金決済について，1日の終わりになるまで決済が完了しないと，「決済リスク」（決済が予定通りに行われない場合のリスク）が大きくなるためであり，日銀ネットで日中にほぼリアルタイムで決済を完了させることによって，早期のファイナリティ（支払完了性）を実現し，決済リスクを削減しているものである。

　このため，1件1億円以上の大口内為取引については，日銀ネットに送られて日中に決済が完了する一方，1件1億円未満の「小口内為取引」については，上述のように，参加行ごとの受払い差額を算出したうえで，夕刻に一日に一回のネット決済が行われている。

全銀システムの24時間365日化

　全銀システムは，従来は平日の昼間（銀行の営業時間）のみの稼働であったが，2018年10月から24時間365日稼働となった。具体的には，平日の日中を担当する既存の「コアタイム・システム」のほかに，夜間と休日を担当する新たな「モアタイム・システム」を稼働させ，両方のシステムを合わせて，24時間365日について銀行間送金の即時着金が可能となった。これを使うと，夜間や休日であっても，他行に対する送金をリアルタイムに行うことができる。しかし，夜間や休日の送金を行うためには，その時間帯に，送金銀行と受取銀行の両方がモアタイム・システムに接続していることが必要である。モアタイム・システムへの参加は任意であるが，都銀，地銀，第二地銀などの多くと信用金庫，信用組合などが参加している。

全銀システムの EDI 対応

　「EDI」とは，Electronic Data Interchange の略であり，企業間の「電子的なデータ交換」を意味する。「EDI 情報」とは，企業間の取引にかかる支払明細データ（受発注データ，請求データ）のことであり，こうした商流データを送金電文と一緒に送ることができれば，送金を受け取った企業では，資金の内訳を知ることができ，売掛金の消込み作業（取引時に発生した売掛金を入金時に取消す処理）の自動化・合理化を図ることができる。こうした商流データと決済情報との連携のことを「金融 EDI」と呼び，海外では普及が進んでいる。

　全銀システムでは，2018年12月に「全銀 EDIシステム」（ZEDI）を稼働させ，全銀システムでの送金電文に商流データを添付することができる機能を追加した。この機能は，受取企業と支払企業の双方で，業務の効率化に繋がるため，今後の利用拡大が期待されている。

海外送金とスイフト（SWIFT）

　企業では，海外との取引のために，海外に送金を行うことが必要となることも多い。こうした国際的な送金において重要な役割を果たしているのが「スイフト」（SWIFT）である。

　たとえば，日本のA行がアメリカのB行に送金を行う場合には，A行からの「送金メッセージ」は，スイフトのネットワークを通じてB行に伝えられる。

この送金メッセージを受けて，B行では，顧客の口座に送金を入金する。

　このようにして，スイフトは，世界の200ヵ国以上，1万行以上の金融機関を結んで，国際的な支払いメッセージの伝送サービスを提供している。スイフトが存在することによって，世界中の銀行が相互に国際送金を行うことが可能となっている。

2　フィンテック

フィンテックとは

　「フィンテック」とは，金融（ファイナンス）と技術（テクノロジー）を組み合わせた造語であり，IT技術を活用した革新的な金融サービスのことを指している。フィンテックは，企業の決済や資金調達などの分野にも及んできており，企業金融の分野にも大きな影響を及ぼしている。フィンテックが進展している背景には，(1)AI（人工知能）やビッグデータ分析*などの新たな技術が進化してきていること，(2)スマートフォンの普及により，顧客の金融サービスへのアクセスが容易になったこと，などが挙げられる。

　＊ビッグデータ分析＝スマートフォンやインターネットを通じた位置情報・行動履歴や，ウエブサイトの閲覧・購買履歴などから得られる膨大なデータを分析して，ビジネスに活用すること。

　フィンテックは，新しいプレーヤー（スタートアップ企業）が新しいビジネスモデルにより提供することが多い。またその際，金融機能を分解（アンバンドリング）したり，複数の要素を組み合わせて再統合（リバンドリング）したりして，特化した分野できめ細かいサービスを生み出しているケースが多く，既存の金融機関が幅広いフルラインのサービスを提供しているのとは対照的である。

　こうしたフィンテック企業は，ITの活用によりまったく新たなサービスを使いやすく安価に提供しており，既存の金融機関の存在を脅かす可能性を秘めているものとみられている。一方で最近では，金融機関がフィンテック企業に出資を行ったり，両者が協力してサービス提供に乗り出したりする例もみられている。

フィンテックの活用分野

　一口にフィンテックと言っても，その分野は多岐にわたる。ここでは，フィンテックの活用領域を大きく，(1)決済・送金分野，(2)融資分野，(3)資産運用分野，(4)財務管理分野の 4 つに分けて，それぞれの代表的な例をみていくこととする。

決済・送金分野

　決済分野では，スマートフォンを利用したキャッシュレス化のためのサービス導入が活発になっている。たとえば，買い物の際に，スマートフォンで店頭に表示された QR コードを読み込んで支払いを行う「QR コード決済[*1]」がある。また，相手の携帯電話番号によって，個人間の送金を行う「携帯番号送金[*2]」の仕組みも各国で導入されている。これは，各人の携帯電話番号と銀行口座を結び付けた仕組みとなっており，相手の携帯番号さえ知っていれば，24時間365日，リアルタイムで送金を行うことができる。さらに，スマートフォンにクレジットカードや電子マネーのデータを登録しておくことで，店の端末にスマートフォンをかざすだけで決済が完了する「スマホ決済サービス[*3]」も出てきている。いずれも「スマートフォンを利用した即時決済」という点が共通しており，支払いが24時間365日可能で，しかもリアルタイム化しているのが特徴である。

* ＊1　QR コード決済＝ 2 次元バーコードである QR コードを利用した決済方法。中国のアリペイ，ウィーチャットペイや，日本のラインペイ，楽天ペイ，ペイペイなどがある。
* ＊2　モバイルペイメント＝銀行の口座番号の代わりに携帯電話番号を使った送金のこと。スウェーデンのスウィシュ，イギリスのペイエム，アメリカのゼル，シンガポールのペイナウなどがある。
* ＊3　スマホ決済サービス＝アップル・ペイ，グーグル・ペイ，おサイフケータイなどがある。

融資分野

　融資分野で活発になっているのがクラウドファンディングである。「クラウドファンディング」とは，「事業者の進めるアイディアやプロジェクトに共感を覚えた不特定多数の人が，インターネット経由で事業者に資金提供を行う仕組み」のことである。クラウドファンディングという用語は，「クラウド」(大

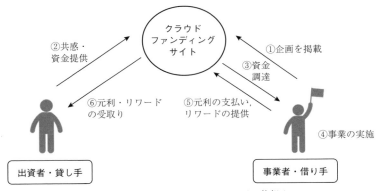

図11-4　クラウドファンディングの仕組み
出所：筆者作成。

衆）と「ファンディング」（資金調達）を組み合わせて作られた造語である。ク
ラウドファンディングでは，資金調達者がクラウドファンディングサイト（プ
ラットフォームともいう）上に自分のプロジェクトの概要と資金調達目標を掲載
して，出資者から資金を募集する。出資者は，自分の共感したプロジェクトに
資金を提供し，プロジェクトの実施後にリターンを受け取る（図11-4）。

　クラウドファンディングには，「貸付型」や「購入型」など，いくつかのタ
イプがある。貸付型は，「ソーシャルレンディング」とも呼ばれ，プラット
フォームが，借り手（企業など）と貸し手（個人）との仲介を行うものである。
ウェブサイト上に借り手の情報（目的，事業計画など）や条件（利回りなど）を載
せて，投資家から小口の資金を広く募る。出資者は，これをみて投資を行い，
事業者を通じて借り手から元本と金利を受け取る。一方，購入型では，出資者
は，プロジェクトに関するモノやサービスなど，金銭以外の対価をリワード
（報酬）として受け取る。投資家にとっては，プロジェクトでしか得ることが
できない特別な商品・サービス（限定品，特別会員権など）を入手できる点がメ
リットとなる。

　こうしたクラウドファンディングを利用すると，事業者は，銀行から融資を
受けることが難しい案件であっても資金調達の機会を得られるというメリット
がある。一方，出資者は，自分が興味を持つ分野や応援したいプロジェクトに
対して，少額での投資を行うことができ，預金などより高いリターンを得るこ

とができる。従来は銀行融資の対象とならなかったスタートアップのための新たな資金調達方法として，注目を集めており，市場規模は年々拡大している。

資産運用分野

資産運用分野におけるフィンテックとしては，「ロボットアドバイザー」（略してロボアドバイザー）が注目されている。ロボアドバイザーとは，人工知能（AI）を活用して，個人の資産運用を行うサービスのことである。つまり，人間の代わりにロボットが資産運用を行う。株式，債券，金など幅広い金融商品での最適な運用バランスを考え，自動的に運用を行ってくれるため，経験やノウハウの乏しい投資の初心者に向いているものとされる。初めにいくつかの質問（投資金額，投資期間，目標リターン，投資経験など）について答えることによって，その人の「リスク許容度」に合った運用プランを設定し，その方針に沿って自動的に資産運用が行われる。運用状況はグラフなどで分かりやすく図示され，スマートフォンを通じてポートフォリオ*や運用成績を確認することができる。

　＊ポートフォリオ＝保有している資産の組み合わせやその比率のことであり，自分の
　　運用資産がどのような資産（預金，株式，債券など）で構成されているかを表す。

財務管理分野

財務管理分野では，家計を対象とした「個人資産管理サービス」や中小企業をターゲットにした「クラウド会計」が注目されている。前者は，多くの金融機関の口座情報を集約するアカウントアゲーション（口座統合）などによって，顧客の資産管理を行うサービスであり，日々の支出や収入の管理，資産残高の記録などを紙の家計簿と同じように行うため，「家計簿アプリ」とも呼ばれる。一方，後者のクラウド会計では，企業の銀行との取引データやクレジットカードの情報を会計ソフトに読み込ませたうえで，請求書の発行，帳簿の作成，経費の精算，決算書の作成などを支援するものである。

企業向けのクラウド会計では，まず「データの自動収集」を行う。これは，銀行取引やカード決済あるいは電子マネーの取引記録などを，会計ソフトが自動で収集する仕組みである。領収書などの紙媒体の資料についても，データスキャンなどにより収集することができる。

　次に「自動仕訳」である。これは，上記のように収集したデータについて，相手先，金額，過去の仕訳実績などから，AI を活用して，自動的に仕訳を行い，帳簿を作成する機能である。また，それに基づいて，「取引先への請求書の発行」や「経費の精算」などを行うことができる。最終的には，これらのデータをもとに，「決算書の作成」までを行うことができる。

　こうした IT の活用により，家計や企業の財務管理の分野において，多くの口座の一元管理や，記帳作業の自動化，会計データの共有化などが可能となってきている。

3　仮想通貨

　近年，インターネットを通じて電子的に取引される，仮想通貨（暗号資産）が注目されている。

仮想通貨とは

　「仮想通貨」は，インターネット上における電子的な決済の手段である。法定通貨（法貨）との比較において，強制通用力を持たないこと，また特定の国家による裏付けのないものをいう。法定通貨のように，銀行券や硬貨といった形を有していないため，「仮想通貨」（バーチャル・カレンシー）と呼ばれる。また，高度な暗号技術を使っていることから，「暗号通貨」（クリプト・カレンシー）と呼ばれることもある。

ビットコインとアルトコイン

　代表的な仮想通貨として「ビットコイン」がある。ビットコインは，「サトシ・ナカモト」という人物が発表した論文に基づいて作られた仮想通貨であり，銀行のような「信頼できる第三者」の存在がなくても，当事者間で直接的に価値を送ることができる仕組みとなっている。

　ビットコインの特徴としては，(1)中央に管理者がおらず，プログラムが通貨発行などを制御していること，(2)「ＢＴＣ」という独自の通貨単位を持つこと（このため，円，ドルなどのとの間で交換レートが発生する），(3)発行主体がなく，また誰の負債でもないこと，(4)ネットワーク参加者が難しい計算を競うことに

よって安全性が確保される仕組みとなっており，計算の成功者には報酬（リワード）として新規に発行されたビットコインが与えられること，(5)ブロックチェーンという技術を使っており，新しいブロックが作成されて，取引が確定するまでに約10分かかること，(6)あらかじめ発行の上限が設定されていること，などを挙げることができる。

　このほかにも，ビットコインに類似した仮想通貨である「アルトコイン*」が数多く出てきている。

　　＊アルトコイン＝5000種類以上あるものとされており，代表的なものとして，イーサ
　　　リアム，リップル，ビットコインキャッシュ，ライトコイン，ネムなどがある。

仮想通貨とブロックチェーン

　ビットコインなどの仮想通貨を支える中核技術となっているのが，「ブロックチェーン」という技術である。これは暗号技術を応用して，直前に行われた取引記録の集まりである「ブロック」を圧縮した数値を「ハッシュ値」として次の取引に用いることによって，取引の信頼性や二重使用の防止を確保する技術である。取引記録は，ブロックが鎖のように繋がったものとなるため，このように呼ばれる。

　ブロックチェーンを用いると，ネットワーク内の取引参加者が所有権の記録を分散して管理することができるようになるため「分散型帳簿」とも呼ばれる。また，取引参加者のそれぞれが共通の帳簿を持つことになるため，「共通帳簿」とも呼ばれる。金融の世界では，取引記録を中央型帳簿（中央データベース）で集中管理するのが通常であったが，これが分散型帳簿で管理できるようになれば，金融取引を劇的に低いコストでリアルタイムに行うことが可能になるものと期待されている（図11-5）。ブロックチェーンは，国際的な送金や証券決済などへの応用が模索されており，高い注目を集めている。

仮想通貨の問題点

　仮想通貨は，(1)匿名性が高いため，麻薬などの違法取引や資金洗浄（マネーロンダリング）に用いられることが多いこと，(2)ボラティリティ（価格変動性）が高いため，支払手段として使うのには適さないこと，(3)仮想通貨の売買を取扱う仮想通貨取引所（仮想通貨取引業者ともいう）から，顧客の仮想通貨が盗ま

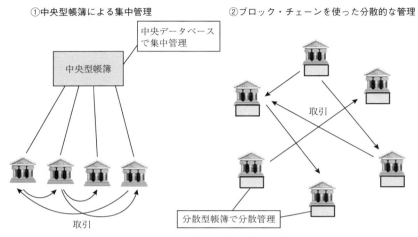

①**中央型帳簿による集中管理**　　②ブロック・チェーンを使った分散的な管理

図 11 - 5　中央型帳簿と分散型帳簿

出所：筆者作成。

れるといった事件が頻発しており，安全性に懸念があること，(4)取引を承認する「マイニング*」という仕組みのために膨大な電力を消費すること，などの問題点が指摘されている。

＊マイニング＝「ブロック」と呼ばれる新たな取引データの固まりを生成し，その報酬として新たに発行された仮想通貨を受け取る行為のこと。

ビットコイン・バブルの発生と規制の動き

ビットコインについては，「夢の通貨」としてバラ色のイメージが広がり，個人投資家による投機熱が高まり，2017年末にかけて「ビットコイン・バブル」が発生して価格が急騰したが，その後はバブル崩壊により，価格は大幅な下落に転じた。

仮想通貨は，高度な暗号技術を用いることによって，通貨の不正な複製や二重使用を防止しているため，「暗号通貨」とも呼ばれる。ただし，もっぱら値上がり期待から仮想通貨の取引を行う傾向が強まっており，その性格は「通貨」から「資産」へと変貌している。このため，最近では「暗号資産」と呼ばれるようになっている。

　本章でみたように，決済分野においては，新たな IT 技術の台頭により，既存の決済手法が高度化されてきている。すなわち，手形交換所の電子化，全銀システムの24時間365日化，EDI 対応などである。

　一方で，IT 技術を活用した「フィンテック」についても，サービスのすそ野を広げつつある。これらの革新的な金融サービスは，ノンバンクのフィンテック企業が中心となってサービスを拡充している。

　さらに，ビットコインを中心とする仮想通貨についても，数多くのアルトコインへの多様化が進んできているほか，ビットコインの中核技術として開発された「ブロックチェーン」についても，「インターネット以来の発明」としての期待が高まっており，各種の金融業務に応用する動きが進められている。

　今度とも，こうした新しい動きについては，企業の金融に大きな影響を及ぼしていくものとみられ，目が離せない状況が続きそうである。

参考文献

中島真志『SWIFT のすべて』東洋経済新報社，2009年。

中島真志『外為決済と CLS 銀行』東洋経済新報社，2016年。

中島真志・宿輪純一『決済システムのすべて［第 3 版］』東洋経済新報社，2013年。

さらに読み進めたい人のために

島村高嘉・中島真志『金融読本［第31版］』東洋経済新報社，2020年。

　＊金融の現状，制度，歴史から最近の動向までをバランスよく網羅している金融の定番テキスト。

中島真志『入門 企業金融論──基礎から学ぶ資金調達の仕組み』東洋経済新報社，2015年。

　＊企業の必要資金や資金調達について分かりやすく解説している。

柏木亮二『フィンテック』日本経済新聞出版社，2016年。

　＊フィンテックについて，その全体像や個別のサービスを分かりやすく解説している。

中島真志『アフター・ビットコイン──仮想通貨とブロックチェーンの次なる覇者』新潮社，2017年。

　＊未来の通貨として注目されるビットコインと，その中核技術であるブロックチェーンについて，分かりやすく解説している。

（中島真志）

人名索引

事項索引

欧　文

執筆者紹介 (筆者順，＊は編者)

＊代田　純（しろた・じゅん）はしがき，序章，第2章，第9章

　　1957年　神奈川県生まれ。
　　1989年　中央大学大学院経済学研究科博士後期課程満期在籍中退。
　　現　在　駒澤大学経済学部教授。博士（商学）。
　　著　書　『ロンドンの機関投資家と証券市場』法律文化社，1995年。
　　　　　　『日本の株式市場と外国人投資家』東洋経済新報社，2002年。
　　　　　　『日本国債の膨張と崩壊──日本の財政金融政策』文眞堂，2017年。

＊小西宏美（こにし・ひろみ）第1章，第8章

　　1973年　大阪府生まれ。
　　2000年　立命館大学大学院国際関係研究科博士課程単位取得満期退学。
　　現　在　駒澤大学経済学部教授。博士（国際関係学）。
　　著　作　『グローバル資金管理と直接投資』日本経済評論社，2017年。
　　　　　　「アメリカ金融市場，金融政策の現状」『深く学べる国際金融──持続可能性と未来像を問う』法律文化社，2020年。
　　　　　　「アメリカ株式市場における自社株買い──擬制資本への投資と利潤の実物資本への不転化」駒澤大学『経済学論集』40巻4号，2009年。

勝田佳裕（かつた・よしひろ）第3章

　　1978年　富山県生まれ。
　　2007年　駒澤大学大学院経済学研究科博士課程単位取得満期退学。
　　現　在　静岡英和学院大学人間社会学部准教授。博士（経済学）。
　　著　作　「バブル崩壊以降の国債累増・国債保有構造と国内銀行の国債保有」『証券経済研究』第89号，日本証券経済研究所，2015年。
　　　　　　「日本銀行による補完当座預金制度と銀行経営」『証券経済研究』第97号，日本証券経済研究所，2017年。
　　　　　　「現代の国際金融・資本市場」『深く学べる国際金融──持続可能性と未来像を問う』法律文化社，2020年。

＊深見泰孝（ふかみ・やすたか）第4章，第6章

　　1975年　京都府生まれ。
　　2009年　滋賀大学大学院経済学研究科博士後期課程修了。
　　現　在　駒澤大学経済学部准教授。博士（経済学）。
　　著　作　『証券事典』共著，金融財政事情研究会，2017年。
　　　　　　『地方証券史──オーラルヒストリーで学ぶ地方証券のビジネスモデル』共著，金融財政事情研究会，2019年。
　　　　　　『図説　日本の証券市場』共著，日本証券経済研究所，2020年。

三和裕美子（みわ・ゆみこ）**第5章**

1965年　岐阜県生まれ。
1996年　大阪市立大学大学院経営学研究科後期博士課程単位取得退学。
現　在　明治大学商学部教授。博士（商学）。
著　作　『機関投資家の発展とコーポレート・ガバナンス――アメリカにおける史的展開』日本評論社，1996年。
　　　　Corporate Governance in Japan 共著，シュプリンガー・フェアラーク東京，2006年。
　　　　『東アジアとアセアン諸国のコーポレート・ガバナンス』編著，税務経理協会，2016年。

斉藤美彦（さいとう・よしひこ）**第7章**

1955年　北海道生まれ。
1979年　東京大学経済学部卒業。
現　在　大阪経済大学経済学部教授。博士（経済学）。
著　書　『金融自由化と金融政策・銀行行動』日本経済評論社，2006年。
　　　　『イングランド銀行の金融政策』金融財政事情研究会，2014年。
　　　　『危機対応と出口への模索――イングランド銀行の戦略』共著，晃洋書房，2020年。

須藤時仁（すどう・ときひと）**第10章**

1962年　神奈川県生まれ。
1997年　英 Warwick 大学大学院修了（Msc. in Economics）。
現　在　獨協大学経済学部教授。博士（学術）。
著　作　『国債管理政策の新展開――日米英の制度比較』日本経済評論社，2007年。
　　　　『国債累積時代の金融政策』共著，日本経済評論社，2009年。
　　　　『日本経済の構造変化――長期停滞からなぜ抜け出せないのか』共著，岩波書店，2014年。

中島真志（なかじま・まさし）**第11章**

1958年　神奈川県生まれ。
1981年　一橋大学法学部卒業。
　　　　日本銀行，国際決済銀行（BIS）などを経て，
現　在　麗澤大学経済学部教授，早稲田大学非常勤講師。博士（経済学）。
著　作　『外為決済と CLS 銀行』東洋経済新報社，2016年。
　　　　『アフター・ビットコイン――仮想通貨とブロックチェーンの次なる覇者』新潮社，2017年。
　　　　『アフター・ビットコイン2　仮想通貨 vs. 中央銀行――「デジタル通貨」の次なる覇者』新潮社，2020年。

学問へのファーストステップ③
ファイナンス入門

2021年5月10日　初版第1刷発行　　　　　　　〈検印省略〉

定価はカバーに
表示しています

編著者　　代　田　　　純
　　　　　小　西　宏　美
　　　　　深　見　泰　孝

発行者　　杉　田　啓　三

印刷者　　坂　本　喜　杏

発行所　株式会社　ミネルヴァ書房
　　　607-8494　京都市山科区日ノ岡堤谷町1
　　　　　　　　電話代表　(075)581-5191番
　　　　　　　　振替口座　01020-0-8076番

ISBN 978-4-623-09174-4
Printed in Japan

海道ノブチカ・風間信隆 編著　　　　　　　　　A 5 判・260頁
コーポレート・ガバナンスと経営学　　　　　　本　体 2800円

澤木勝茂・鈴木淳生 編著　　　　　　　　　　　A 5 判・192頁
コーポレート・ファイナンス　　　　　　　　　本　体 3800円

滝川好夫 著　　　　　　　　　　　　　　　　　A 5 判・276頁
企業組織とコーポレート・ファイナンス　　　　本　体 3500円

奥村皓一・夏目啓二・上田慧 編著　　　　　　　A 5 判・336頁
テキスト多国籍企業論　　　　　　　　　　　　本　体 3000円

樽見弘紀・服部篤子 編著　　　　　　　　　　　A 5 判・256頁
新・公共経営論　　　　　　　　　　　　　　　本　体 2800円

風間信隆 編著　　　　　　　　　　　　　　　　B 5 判・248頁
よくわかるコーポレート・ガバナンス　　　　　本　体 2600円

「よくわかる現代経営」編集委員会 編　　　　　B 5 判・228頁
よくわかる現代経営 ［第 5 版］　　　　　　　本　体 2700円

佐久間信夫 編著　　　　　　　　　　　　　　　B 5 判・228頁
よくわかる企業論 ［第 2 版］　　　　　　　　本　体 2700円

関　智宏 編著　　　　　　　　　　　　　　　　B 5 判・226頁
よくわかる中小企業　　　　　　　　　　　　　本　体 2500円

──────────── 学問へのファーストステップ ────────────

永井史男・水島治郎・品田裕 編著　　　　　　　A 5 判・384頁
政治学入門　　　　　　　　　　　　　　　　　本　体 3500円

入江容子・京俊介 編著　　　　　　　　　　　　A 5 判・408頁
地方自治入門　　　　　　　　　　　　　　　　本　体 3500円

──────────── ミネルヴァ書房 ────────────
http://www.minervashobo.co.jp/